Muss man Miezen siezen?

A

Ich kenn einen Kater in Liezen,
der trifft sich mit ganz süßen Miezen.
Er küsst ihre Tatzen,
versucht nicht zu schmatzen
und besteht drauf, die Miezen zu siezen.

Muss man M

Für Mathiasleben und für unseren Z´reißerferdl

Gerda Anger-Schmidt
Renate Habinger

ezen siezen?

Residenz Verlag

Noch schläft der kleine Affe im Urwald. Da bricht ein Sonnenstrahl durchs Blätterdach. Er weckt den kleinen Finger der linken Hand... ...dann den Ringfinger, den Mittelfinger,

Oh, ein zweiter Sonnenstrahl! Er weckt den kleinen Finger der rechten Hand... ...dann den Ringfinger, den Mittelfinger, den Zeigefinger und den Daumen, bis die ganze rechte Hand erwacht ist.

Da spürt der kleine Affe ein Kribbeln im anderen Bein. Zeh um Zeh wird ihm ganz warm. Der Sonnenstrahl wandert das rechte Bein hinauf, über den Allerwertesten zum Rücken... ...und weiter bis zum Hals, wo er auf den ersten Sonnenstrahl trifft. Gemeinsa

den Zeigefinger und den Daumen.

Nun ist die ganze linke Hand erwacht. Der Sonnenstrahl wandert hinauf zum Ellbogen...

...und weiter bis zur Schulter.

ann wandert der Sonnenstrahl nauf zum Ellbogen und weiter zur Schulter.

Dann weckt er einen Zeh und noch einen und noch einen, bis der ganze Fuß erwacht ist,

wandert zum Knie und weiter das Bein hinauf.

schmeicheln sie die Wangen des kleinen Affen — und seine Ohren.

Jetzt ist der kleine Affe ganz WACH und freut sich auf einen neuen aufregenden Tag.

Aufwachen!

A
A B
A B R
A B R A
A B R A C
A B R A C A
A B R A C A D
A B R A C A D A
A B R A C A D A B
A B R A C A D A B R
A B R A C A D A B R A

Arbeite

Angeln Elc

Atmen **E**rdmän

Arbeitstiere

Eine Zeitungsmeldung

Im südindischen Bundesstaat Kerala wurde kürzlich eine großzügige Pensionsreform eingeführt. Wer schwere Arbeit verrichtet, der darf künftig mit 65 Jahren in Pension gehen. Damit er überhaupt dieses gesegnete Alter erreicht, wachen die Behörden nun auch über eine ausgewogene Ernährung und eine regelmäßige Gesundenuntersuchung. Bevor nun die Massenflucht Richtung Indien anhebt, sei zur Klärung gesagt: Die neue Regelung gilt nur für **A**rbeitselefanten.

Antworter

Ahnt **E**wa

U - Sätze

nheimische immer ohne Unterhalt?

n Ozean Ungeheuer?

Am Eislaufplatz ist Oliver umgefallen.

hien in Omas Unterwäsche.
ebnen Igel oft Urwaldwege.

Anna erbte Insel. Oder U-Boot?

en irgendwann oberhalb U-Bahn-Stationen?

Am Ende isst Ottokar Unkraut.

gländer im Obstgarten Unsinniges?

erzählt Ingrid oftmals Unwahrheiten.

Oberammergau Urkundenfälschung?

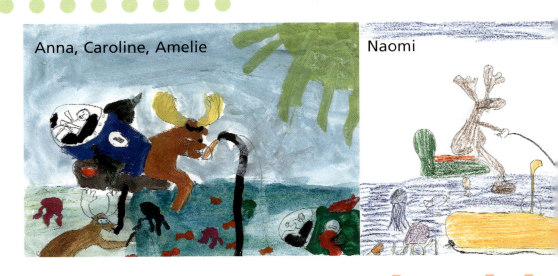

Angeln Elch

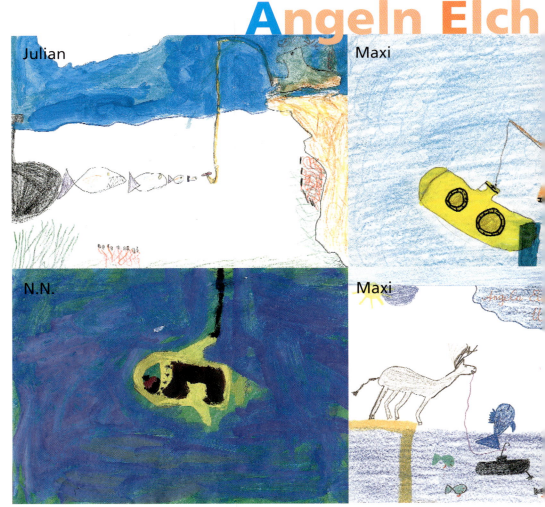

Hanno,
Mathä,
Marius

m Ozean Ungeheuer?

Christian

Daniel

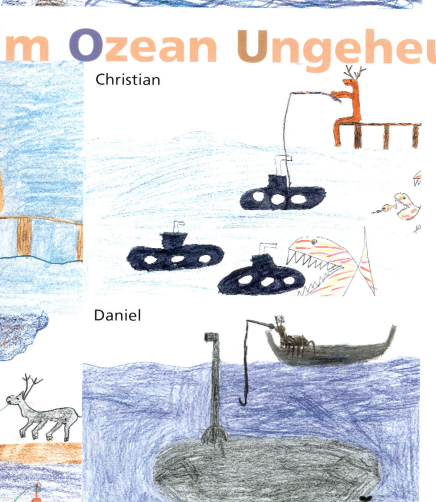

A wie Apfelkuchenstück
 Osnabrück,
 hin und z'rück.
 Wünsch viel Glück!
A wie Apfelkuchenstück

B wie Bierschaumbackenbart
 Wild und zart,
 voll in Fahrt
 war Mozart!
B wie Bierschaumbackenbart

C wie Cellophanpapier
 Bleib doch hier,
 schwarzes Tier,
 bleib bei mir!
C wie Cellophanpapier

D wie Diamanthalsband
 Heut am Strand
 lag im Sand
 eine Hand.
D wie Diamanthalsband

E wie Elefantenschwanz
 Siegeskranz!
 Otto Wanz,
 auf zum Tanz!
E wie Elefantenschwanz

F wie Fledermausversteck
 Schneider Meck,
 Mäusespeck,
 fällt in Dreck!
F wie Fledermausversteck

G wie Gruselkabinett
 Lieb Skelett,
 sei so nett,
 husch ins Bett!
G wie Gruselkabinett

H wie Hustenmalzbonbon
 König John,
 mein Herr Sohn,
 sitzt am Thron.
H wie Hustenmalzbonbon

I wie Indianerspiel
 Eis am Stil,
 Krokodil,
 kost' nicht viel.
I wie Indianerspiel

J wie Jaguargebiss
 Liebe Miss!
 Bitte, iss
 und vergiss!
J wie Jaguargebiss

K wie Kronjuwelenklau
 Brau' an Brau'
 saß die Sau
 mit dem Pfau.
K wie Kronjuwelenklau

L wie Leierkastenmann
 Pelikan,
 halt dich an
 Marzipan!
L wie Leierkastenmann

M wie mutterseelenallein
 Liebes Schwein,
 Schnaps und Wein
 lass doch sein!
M wie mutterseelenallein

N wie Nilpferdschwergewicht
 Bösewicht
 im Gericht
 litt an Gicht.
N wie Nilpferdschwergewicht

O wie Oleanderbaum
 Kleidersaum
 war im Traum
 voller Schaum.
O wie Oleanderbaum

P wie Pekinesenhund
 Morgenstund,
 dick und rund,
 bleib gesund!
P wie Pekinesenhund

Q wie Quecksilbersäulen
 Kleine Eulen
 haben Beulen.
 Müssen heulen.
Q wie Quecksilbersäulen

R wie Räuberhauptmannschaft
 Kampf geschafft!
 Himbeersaft
 gab uns Kraft.
R wie Räuberhauptmannschaft

S wie Siebensternenschuh
 Türe zu!
 Känguru
 braucht viel Ruh'.
S wie Siebensternenschuh

T wie Turteltaubenpaar
 Sieben Jahr'
 war ich Zar.
 Alles klar?!
 T wie Turteltaubenpaar

U wie ungeheuerlich
 Bienenstich,
 liebst du mich?
 Fürchterlich!
 U wie ungeheuerlich

V wie Vatertagsgedicht
 Mondgesicht
 mag halt nicht
 Fischgericht.
V wie Vatertagsgedicht

W wie Wasserplanscherei
 Schriller Schrei
 geht vorbei,
 legt ein Ei.
W wie Wasserplanscherei

X wie Xylophonkonzert
 Unser Pferd
 Goldeswert
 steht am Herd.
X wie Xylophonkonzert

Y wie Ypsilon
 Pfauenthron
 kostet schon
 Monatslohn.
Y wie Ypsilon

Z wie Zirkusakrobat
 Vater Staat
 braucht Salat
 und Spinat.
Z wie Zirkusakrobat

Alphabet
für ein Cello und drei Violinen

bringen

Fragebogen

Wer bringt dich zum Lachen?
Was bringt dich aus der Fassung?
Wer bringt dich auf Ideen?
Was bringt dich aus dem Gleichgewicht?
Was bringt dich um den Verstand?
Wer bringt dich zur Vernunft?
Was bringt dich in Fahrt?
Was bringt dich auf die Palme?
Wer oder was bringt dich zum Weinen?
Was bringt dich in Teufels Küche?
Wer oder was bringt dich auf Hochtouren?
Wer bringt dich auf dumme Gedanken?
Wer bringt dich zur Besinnung?
Was bringt dich in Rage?

Und wer bringt mich
um meine letzten Mäuse? – **Du**!

Brief von A - Z

Allerliebster Benjamin!
Chaotische Draufgänger essen
   Froschschenkelchen,
gurgeln humpenweise Ingwertee,
jagen kleinwüchsige Libellen,
mixen nächtelang Opernarien.
Polternde Querulanten!
Rupfen Seerosen,
turteln ungehemmt.
Vielliebe Weihnachtsgrüße,
   Xenia
Yellowstone-Park, Zentralmassiv

Welche Bisse sind gefährlich?
- Imbisse
- Gewissensbisse
- Kürbisse   gar keine

Tanzen Mäuse auf der Mauer,
liegt der Kater auf der Lauer.

Singen Miezen im Duett,
wird es langsam Zeit fürs Bett.

Schleicht der Kater aus dem Haus,
musst du aus den Federn raus.

Trifft die Katz 'nen Albatros,
wirst du demnächst Banden-Boss.

Triffst du eine Katz in Socken,
will sie dich zum Picknick locken.

Fliegt der Kater im Ballon,
fährst du bald nach Lissabon.

Schärfen Miezen ihre Krallen,
wird der Unterricht entfallen.

20 **Bauernregeln**

ABC - Blues

(nach der Melodie von »Sentimental Journey« zu singen)

Mit dem **A** hat alles angefangen
und das **B**, das bleibt bei Bill.
Um das **C**, da winden sich die Schlangen.
Übers **D**, da wächst der Dill.

An **E** und **F** entfacht sich flugs ein Feuer.
Nur dem **G** gelingt das Glück.
Für das **H** zahlt Hanna keine Steuer,
und das **I** isst Ingwer im Stück.

Ja, das **J** ist recht ein Jammerlappen,
und das **K** kennt kein Kamel.
Auf dem **L** verlieben sich die Lappen
und das **M** mag Monster mit Mail.

An dem **N**, da nagen neunzehn Nager,
und das **O** frohlockt vor Ort.
Für **P** und **Q** quält sich manch Quiz-Versager.
Rache übt das **R** mit Rufmord.

Auf dem **S** sind Silberstreifen sichtbar
und das **T**, das trieft vor Teer.
Tief im **U** sind Ungeheuer ruchbar.
Vor dem **V** herrscht viel Verkehr.

Auf dem **W**, da wildern weiße Wölfe,
und das **X**, das faxt an Max.
Y bleibt **Y** – bis zwölfe –
und das **Z** zerschmilzt auf der Rax.

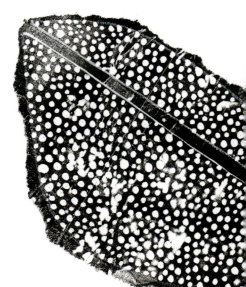

Schon fünf Uhr früh! Der Wecker schrillt.
Draußen schneit und stürmt es heftig und wild.
Da macht sich der **B**ibernhardiner bereit,
schnallt sein Fässchen um und sagt: »Höchste Zeit!«

Dann kämpft er sich durch Sturm und Schnee,
rutscht bäuchlings über'n gefrorenen See,
nimmt alle Notfunksignale auf,
hastet querfeldein, schwimmt den Fluss hinauf
und hilft, wo immer sein Einsatz vonnöten –
ob Erdrutsch-Opfern, ob gestrandeten Kröten.

Am Abend ist er total erledigt,
hält seinem Sohn nicht mal mehr eine Predigt,
will nur in seinem Bau ausruh'n
und ausnahmsweise einmal nichts tun.

Lässt sich von der Bibernhardinerin
– halb Schweizerin, halb Berlinerin –
zum Knabbern noch saftige Zweige bringen
und von ihrem Brummbass in den Tiefschlaf singen.

Chinesisch für Anfänger
- Fin, der Lohn
- Bru, der Zwist
- Wie, der Aufbau
- Lie, der Macher
- Kin, der Wagen
- Pu, der Zucker
- Kau, der Welsch
- Bän, der Riss
- Schin, der Hannes
- Rin, der Züchter
- Klei, der Schrank
- Ru, der Verein
- Wan, der Pokal
- Schnei, der Meister
- Schil, der Maler

Cash auf die Kralle

Teuerste Grete!
So nimm denn die Knete
und Cash auf die Kralle.
Das Moos kommt von Kalle.
Für Schotter und Kies
sorgt Otto, der Spieß.
Die Tasche voll Mäuse
lass lieber zu Häuse.
Gib Acht auf die Kröten,
sonst geh'n sie dir flöten.
Dein Bedürfnis nach Zaster
ist wirklich ein Laster.
Beim Bart des Propheten
nimm die letzten Moneten!
PS:
Vergiss nicht, die Blüten
gut zu behüten!

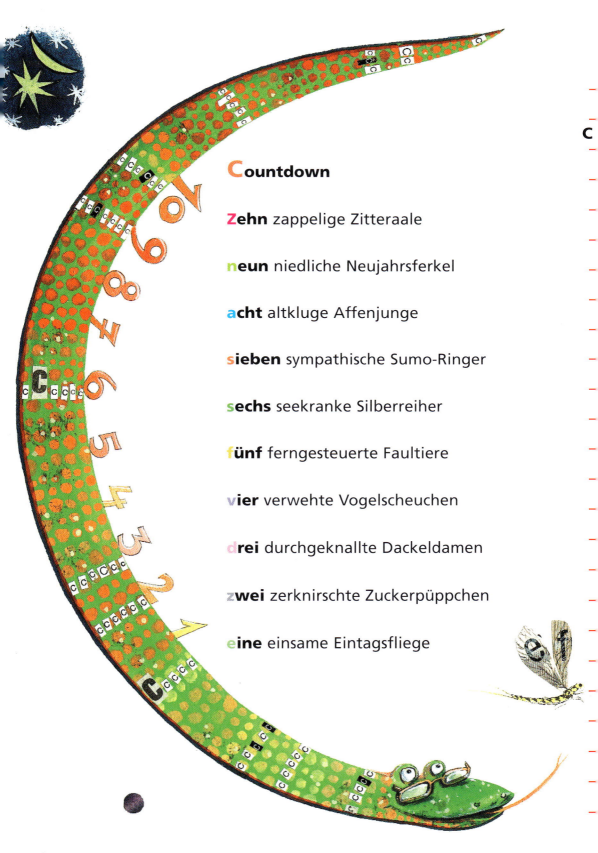

Countdown

zehn zappelige Zitteraale

neun niedliche Neujahrsferkel

acht altkluge Affenjunge

sieben sympathische Sumo-Ringer

sechs seekranke Silberreiher

fünf ferngesteuerte Faultiere

vier verwehte Vogelscheuchen

drei durchgeknallte Dackeldamen

zwei zerknirschte Zuckerpüppchen

eine einsame Eintagsfliege

Druckfehlerteufel

in Sprichwörtern und Redewendungen

- Reich und reich gefällt sich gern.

Gleich und gleich gesellt sich gern.
- Was Gänschen nicht lernt, lernt Gans nimmermehr.

Was Hänschen nicht lernt, lernt Hans nimmermehr.
- Wer fastet, der kostet.

Wer rastet, der rostet.
- Ein Mann, ein Mord.

Ein Mann, ein Wort.
- Einem verrenkten Paul haut man nicht aufs Maul.

Einem geschenkten Gaul schaut man nicht ins Maul.
- Kein Kleister bellt vom Schimmel.

Kein Meister fällt vom Himmel.
- Alle guten Ringe sind frei.

Aller guten Dinge sind drei.
- Wer fragt, gerinnt.

Wer wagt, gewinnt.
- Erich fährt am längsten.

Ehrlich währt am längsten.
- Lieber ein Schatz in der Wand als eine Haube aus dem Bach.

Lieber ein Spatz in der Hand als eine Taube auf dem Dach.
- Wer A wagt, muss auch wehklagen.

Wer A sagt, muss auch B sagen.
- Hier ist Topfen und Malz vergoren.

Hier ist Hopfen und Malz verloren.

Durch Dick und Dünn

Es herrschte dicke Luft bei uns, an diesem 1. April. Der Hund hatte Dünnpfiff. Die Zwillinge stritten mit dem Nachbarbuben, einem Dickwanst erster Güte. Und unser Nachbar beschuldigte die Zwillinge diverser Schandtaten. Für eine Anzeige war die Suppe jedoch zu dünn, die er uns da servierte.

»Das ist doch ein dicker Hund!«, schimpfte meine Frau, die durch die dünne Wand alles gehört hatte. Ich hingegen regte mich nicht weiter auf. Erstens habe ich eine dicke Haut, und zweitens hatte ich kürzlich rein zufällig gehört, dass die Zwillinge und das Dickerchen mitsammen durch Dick und Dünn gehen wollten, wenn sie erst einmal groß waren. Wobei die dicke Brieftasche des Nachbarn eine tragende Rolle spielen sollte.

Dackelwellness

Eine Zeitungsmeldung

Die Sektion des Österreichischen Dachshundeklubs zelebriert ihren alljährlichen Dackelwandertag.
Besonderheit des Events ist der Festgottesdienst um 10 Uhr mit anschließender Dackelweihe.
Danach laden einige Kilometer zu einer eineinhalbstündigen Wanderung mit Ihrem Dackel ein.
Anmeldung unter »Dackelwellness« an den Verlag.

Dringend!

»Herr Lehrer, ich muss mal hinaus.
Ich halt's kein Minütchen mehr aus.«
So ruft Kater John,
rennt auf und davon
und jagt die nächstbeste Maus.

KATZENfell
　　Felldecke
　　　　Deckenlicht
　　　　　　Lichtschalter
　　　　　　　　Schalterbeamter
　　　　　　　　　　Beamtengehalt
　　　　　　　　　　　　Gehaltskonto
　　　　　　　　　　　　　　Kontonummer
　　　　　　　　　　　　　　　　Nummernsch
　　　　　　　　　　　　　　　　　　Sch

Denkspiele • • • • • •

　　　　　　　　　　　　　　Taf
　　　　　　　　　　　　Nummerntaf
　　　　　　　　　　Katalogsnummer
　　　　　　　　Musterkatalog
　　　　　　Teppichmuster
　　　　Bodenteppich
　　Dachboden
HAUSdach

28

D

aler
Malermeister
Meisterprüfung
Prüfungsangst
Angsthase
Hasenfuß
Fußball
Ballspiel
Spielmesse
Messwein
Weinrot
Rotwild
WildKATZE

D

VogelHAUS
Singvogel
Meistersinger
Baumeister
Mauerbau
Klagemauer
Wehklage
Kreuzweh
Gipfelkreuz
rggipfel

Es war einmal

Es war einmal eine Katz',
die fand einen großen Schatz.
Der Schatz war ihr zu schwer,
da fuhr sie auf das Meer.
Das Meer war ihr zu groß,
da nahm sie sich ein Floß.
Das Floß war ihr zu klein,
da trank sie ein Glas Wein.
Der Wein war ihr zu stark,
da ging sie in den Park.
Der Park war ihr zu rund,
da traf sie einen Hund.
Der Hund war ihr zu wild,
da kauft' sie sich ein Bild.
Das Bild zeigte 'nen Krater
und obendrauf 'nen Kater.
Der Kater war sehr dick –
doch Liebe war's auf den ersten Blick.

PS: So fanden die beiden das Glück, liebe Leute.
Und sind sie nicht gestorben, dann leben sie noch heute.
Und wir anderen sind, ob zahm oder wild,
ob wir's wollen oder nicht, somit im Bild.

Erlebte Szenen

Ebensee: Messerstecher erbt echten Nerzpelz, Drehsessel, Erkerfenster. Befremdend!

Sexten: Stelzengeher bergen Erdferkel neben Erdbeerfeldern.

Bregenz: Else verwehrt Bettler Schlemmeressen. Denkzettel erbeten!

Bern: Peters Leberwerte eben gemessen. Eltern entsetzt!

Enns: Schreckgespenst erschwert Heldengedenken. Gelbe Nelken welken.

Bremen: Erdbebenhelfer retten Verletzte. Seelenzerfetzende Szenen!

Erkenntnis

Manchmal steht eine Dame aus Eben auf der Leitung – und manchmal daneben.

Erfindungen von A bis Z

Patentiert unter der Rubrik »Wo gibt's denn so was?«

Ameisenstraßenkontrolle   Augapfelstrudel

Büroklammeraffe   Baumkronjuwelen

Chinchillazuchtmeister

Dachsbaustelle   Drachenfliegengewicht

Elfenbeinbruch   Elefantenhochzeitskutsche

Fiebermesserwerfer   Fischschuppenshampoo

Froschkonzerthalle   Gartenzwergschnauzer

Geldflussmündung   Glühbirnenkompott

Gänsemarschmusik   Hummelflughafen

Igelstachelbeeren

Jammerlappensammlung

Katzensprungschanze

Löwenzahnarzt   Lockvogelnest

Maulwurfscheibe   Mineralwasserbüffel

Nilpferderennen   Nummernschildkröte

Osterhasenstall   Pfauenradverleih

Quadratschädelweh   Rudelführerschein

Seehundeleine   Schneeschaufelgeweih   Schlafsackgasse

Trostpflasterstein   Trommelwirbelsäule

Vogelfreiheitsstatue   Wolkenbruchrechnung

X-Malkasten   Yellowstonehenge

Zebrastreifenpolizist

Zuckerwürfelspiel

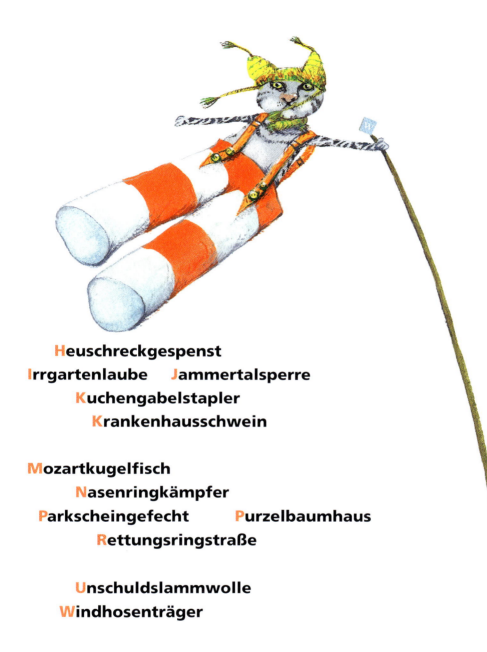

Heuschreckgespenst
Irrgartenlaube   **J**ammertalsperre
    Kuchengabelstapler
        Krankenhausschwein

Mozartkugelfisch
        Nasenringkämpfer
    Parkscheingefecht   **P**urzelbaumhaus
            Rettungsringstraße

    Unschuldslammwolle
    Windhosenträger

Nummernschildkröte

Elfchen

Gedichtform, bestehend aus 11 Wörtern

```
    1   Stein
  + 2   rollt runter
  + 3   über die Böschung
  + 4   und fällt ins Wasser
  + 1   – platsch!
  ----
  = 11
```

Warten
seit Stunden
auf deinen Anruf
die Uhr tickt so laut
Liebeskummer

Kalt
der Gebirgsbach
Füße im Wasser
Fische streifen meine Zehen
Ferien

(Papa:) Aufräumen!
Aber schleunigst!
Hörst du mich?
Ich sagte: Zimmer aufräumen!
(Kind:) Jaja!

Ei ei!

»Gib dem Papa ei ei!«,
sagt Kurt und staunt,
als das Kind ihm
mit dem kleinen Löffel
auf den Kopf klopft.

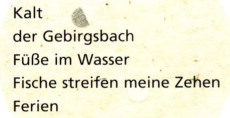

Welche Eigenschaftswörter sind hier gesucht?

allein wie eine Mutterseele – mutterseelenallein
still wie ein Mucksmäuschen – .... mucksmäuschenstill
voll wie ein Sternhagel – .... sternhagelvoll
nackt wie eine Splitterfaser – .... splitterfasernackt
weit wie eine Sperrangel – .... sperrangelweit
schwarz wie ein Kohlrabe – .... kohlrabenschwarz
wild wie ein Fuchsteufel – .... fuchsteufelswild

Kennst du **E**mil?

Emil hat ein **E**igenheim,
ein **E**ichenwäldchen,
Erdbeerfelder,
Efeugewächse,
eine **E**lfenbeinschale,
Edelmetalle,
ein **E**rdferkel,
Eidechsen,
einen **E**sel,
eine **E**isenbahner-Uniform,
einige **E**hrenämter -
aber keine **E**hefrau.

Kein Ei gleicht dem anderen

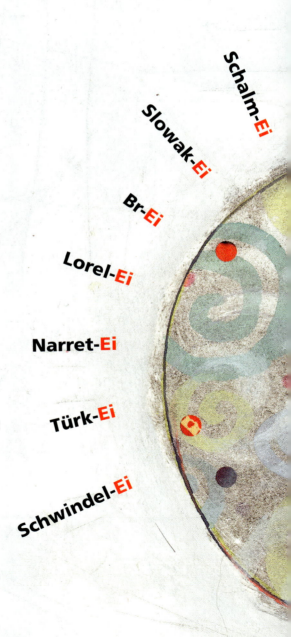

Schalm-Ei
Slowak-Ei
Br-Ei
Lorel-Ei
Narret-Ei
Türk-Ei
Schwindel-Ei

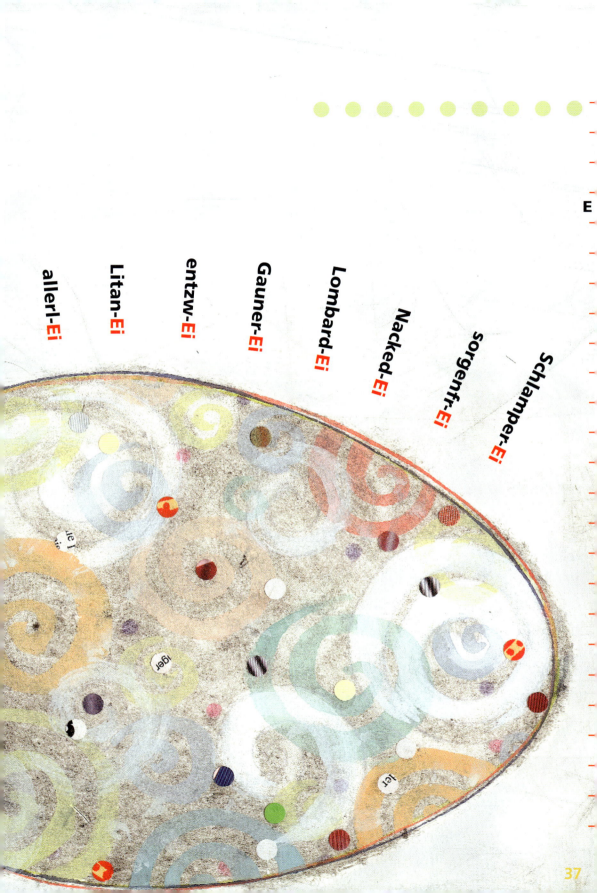

allerl-Ei
Litan-Ei
entzw-Ei
Gauner-Ei
Lombard-Ei
Nacked-Ei
sorgenfr-Ei
Schlamper-Ei

E

37

Der Froschkönig

Rückwärts erzählt

Und weil sie nicht gestorben sind, lebten die Königstochter und der Königssohn glücklich mitsammen und feierten bald darauf Hochzeit.

Eines Abends warf nun die Königstochter den Königssohn an die Wand, worauf er sich augenblicklich in einen Frosch verwandelte. Da packte ihn die Königstochter mit zwei Fingern und trug ihn widerwillig hinunter, wo die Tafel für die Königsfamilie und alle Hofleute gedeckt war. Der Frosch setzte sich auf den Tisch und aß gemeinsam mit der Königstochter von ihrem Teller. Dann ließ er sich zu Boden fallen, hüpfte zur Tür und sagte: »Königstochter, jüngste, mach mir auf!«

Gleich darauf kroch er – plitsch platsch plitsch platsch – die Marmortreppe hinunter, verließ den Königspalast und kehrte in seinen Brunnen unter der alten Linde im großen Wald zurück.

Als die Königstochter am nächsten Tag zum Brunnen im Wald ging, tauchte der Frosch mit der goldenen Kugel im Maul auf und warf sie ins Gras. Wie war die Königstochter froh, dass sie ihr liebstes Spielzeug wieder hatte und sie versprach dem Frosch alles, was er sich von ihr wünschte.

Denn es war die Zeit, da das Wünschen noch geholfen hat.

Faul

»Da ist etwas faul an der Sache!«,
sagt das Faultier. »Dass ich nicht lache!«,
erwidert sogleich ein bunter Hund,
seines Zeichens ein Faulpelz und kugelrund.

»Die Eier, die Äpfel, die Birnen sind faul«,
schimpft das Faultier. »Ruhe, du Lästermaul!«
bellt der Hund durch die Fensterläden,
»das sind doch nur faule Ausreden.«

Eines Tag's lag der Hund auf der faulen Haut,
hat schläfrig zum Faultier hinaufgeschaut.
Das machte grad eine längere Rast
und hing an einem verfaulten Ast.

Da brach der Ast, das Faultier fiel runter.
Und der bunte Hund sagte, plötzlich putzmunter:
»Du hattest Recht! – Verzeih, dass ich lache! –
War doch etwas faul an der Sache.«

Fax von A bis Z

An Brigitte: Chinesische Drachen erröten Furcht erregend, geifern, hecheln inbrünstig. Jakobs kuriose Lieblingstierchen! Müssen Nashörner ohne Pyjama querfeldein rennen? Sei tollkühn umarmt von Walter (Ybbs, Zirkusallee)

Von Gnomen, Trollen und Wichten

G – ist ein Gnom,
fährt gern Autodrom.
Er sucht seine Gnomin,
macht manch Autodrom hin.
G – ist ein Gnom,
fährt gegen den Strom.

T – ist ein Troll,
misst zweieinhalb Zoll.
Soll lernen und laufen
und Zimtschnecken kaufen.
T – ist ein Troll,
tut nie, was er soll.

W – ist ein Wicht
und leidet an Gicht,
doch liebt er das Schmausen
in Sausen und Brausen.
W – ist ein Wicht
mit Übergewicht.

Stubai, Tirol

Grabinschriften

Häusliche **G**ewitterstimmung

»Zum Donnerwetter!«, schimpfte der Vater. »Wenn du nicht sofort deine Hausaufgaben machst, dann kracht es.«

Die Worte trafen Peter wie ein Donnerkeil. Er verschwand blitzartig in seinem Zimmer und schlug das Aufgabenheft auf.

Das Thema hieß: WAS KINDER SIND.

Peter überlegte eine Weile und schrieb dann drei Worte in das Heft.

Gleich darauf lief er blitzschnell zu seinem Vater und hielt ihm das Geschriebene unter die Nase.

»Donnerwetter!«, sagte der Vater anerkennend, als er Peters Worte gelesen hatte.

KINDER SIND BLITZABLEITER, stand da geschrieben. Da ist was dran, dachte der Vater.

Und während sich im Haus die Großwetterlage langsam beruhigte, zog draußen ein Gewitter auf.

Hier ruhen
ihrer drei
A Ochs, a Esel
und
er dabei.

Tuxerjöchl, Tirol

Hier ruht
mein lieber Arzt
Herr Grimm
und alle
die er heilte,
neben ihm.

Kramsach, Tirol

Gebrauchsanweisung für unsere Wohnung

Lieber Ulf!

Vor unserer Abreise noch ein paar Tipps und Hinweise, damit du dich in den kommenden Wochen gut zurechtfindest.

Unseren **Hund**, den du liebenswürdigerweise in Pflege nimmst, wirst du sicher schnell ins Herz schließen. Bodo ist ein gutmütiges Tier, hat nur leider eine angeborene Abneigung gegen Uniformen. Darum wäre es für dich und alle Betroffenen besser, du machtest einen großen Bogen um Polizisten, Schaffner, Briefträger und Parksherrifs. Ansonsten tut er keiner Fliege was zuleide, vorausgesetzt er hat genügend Auslauf. Es genügt vollauf, mit ihm am frühen Morgen und am späten Nachmittag jeweils drei Stunden an die Luft zu gehen. Wobei es vorteilhaft wäre, mit ihm aus der Stadt hinauszufahren. Da er an Regelmäßigkeit gewöhnt ist, empfiehlt es sich, ihn dreimal täglich zu füttern und zu striegeln. Sein auf drei Mahlzeiten verteiltes Fressen ist völlig unkompliziert in seiner Zusammensetzung: 2 Kilo Frischfleisch (zur Abwechslung auch geschabte Leber, gedünsteten Fisch oder Huhn), dazu eine Portion Langkorn-Reis oder Hundeflocken, klein gehackte Karotten und 10 Tropfen Vitamin D. Dazu leicht vorgewärmtes Wasser für die Hundeschale, da er für Darmgrippe und Magenprobleme äußerst anfällig ist. In der Nacht schläft er gern im großen Bett. Aber mach dir keine Sorgen, daneben ist immer noch genügend Platz für dich. Bodo ist ein leiser Schnarcher und ein überaus pünktlicher Wecker. Ein Schleck quer übers Gesicht, und du bist hellwach.

Im Wohnzimmer kannst du dich ideal entspannen und erholen. Die Zimmerpalmen, Gummibäume, Rhododendren und anderen Blumenstöcke gaukeln dir einen Urlaub in der Karibik vor, zu dem als akustische Kulisse auch die zwei Dutzend **Singvögel** gehören, die in den Zweigen der Pflanzen wohnen. Da die Vögel frei im Raum herumfliegen, achte bitte streng darauf,

dass die Türen und Fenster immer geschlossen sind. Als Hobby-
gärtner wirst du ja wissen, dass die Topfpflanzen und Blumenstöcke täglich ausreichend gegossen werden müssen und die
Azaleen und Kamelien jeden zweiten Tag ein Wasserbad
brauchen. – Die Futterstelle der Vögel befindet sich in der
stets offenen Voliere. Beim Vogelfutter immer Güteklasse
1a verlangen! In die Trinkschale kommt kaltes, in die Badeschale
vorgewärmtes Wasser.

Das Badezimmer wird dir behagen, da es groß genug ist, um
darin Morgengymnastik zu machen. Vollbäder kannst du jedoch
keine nehmen, da wir den **Zwergalligator** in der Wanne herum-
schwimmen lassen, den wir von Freunden in Pflege genommen
haben. Er hört auf den Namen Ali und liebt monotonen Sing-
sang.

Die Kochnische erreichst du theoretisch auf zwei Wegen: durch
den Vorzimmerschrank oder durch das kleine Badezimmerfenster.
Praktisch gesehen erübrigt sich jedoch das komplizierte Einstiegs-
verfahren, da sowohl der Gasherd als auch die elektrische Heiz-
platte den Geist aufgegeben haben.

Wenn du am Monatsersten die Miete bezahlst, so bringe der
Hausbesitzerin ein paar Blumen, Kuchen und Wein mit, da sie
schon seit Jahren im Wahn lebt, Rotkäppchens Großmutter zu
sein. Setz dir auch eine rote Mütze auf, damit sie dich nicht für
den bösen Wolf hält. Ansonsten ist die Frau völlig harmlos und
sehr hilfsbereit.

Ich hoffe, du verbringst einen angenehmen Sommer, erholst dich
gut und kommst mit deiner Diplomarbeit tüchtig voran. Wir freu-
en uns auf ein Wiedersehen im Herbst.

Viele liebe Grüße!

Deine Kusine Erna

PS: Der Alligator frisst am liebsten Krebse,
Frösche, Schlangen und Fische. Bitte keine Konservennahrung!

Wie aus einem **H**asen ein Fest wird

H A S E
H A S .
. A S T
F E S T

Hildegards ge**h**eimer Fragenkatalog

Horten holländische Hoheiten Haifischzähne?
Halten Heinzelmännchen hierzulande Heupferdchen?
Helfen Hampelmänner heimlich Hebammen?
Heißen Hellseherinnen häufig Hannelore?
Hamstern heimische Haselmäuse Hochzeitstorten?
Haben Henker herdenweise Hutschpferde hingerichtet?
Hören Heidschnucken hemmungslos Hymnen?
Häkeln Hausdamen himbeerfarbene Hosenanzüge?
Hebt Hanno hundert Hirtenhunde hoch?
Hallen Halleluja-Chöre himmelwärts?

Hickhack Ticktack Zickzack Flicflac
Klickklack Schnickschnack

Irren ist kätzisch

In jedes dieser Sprichwörter und Märchen hat sich ein Katzenvieh verirrt.

Wie heißen die Sprichwörter richtig?

- Viele Katzen verderben den Brei.
  Viele Köche verderben den Brei.
- Was Kätzchen nicht lernt, lernt Katz nimmermehr.
  Was Hänschen nicht lernt, lernt Hans nimmermehr.
- Morgenstund hat Miezen im Mund.
  Morgenstund hat Gold im Mund.
- Kein Kater fällt vom Himmel.
  Kein Meister fällt vom Himmel.
- Wer Katzen eine Grube gräbt, fällt selbst hinein.
  Wer anderen eine Grube gräbt, fällt selbst hinein.
- Miezen haben kurze Beine.
  Lügen haben kurze Beine.
- Aller guten Katzen sind drei.
  Aller guten Dinge sind drei.
- Ein Kater kommt selten allein.
  Ein Unglück kommt selten allein.
- Katze gut, alles gut.
  Ende gut, alles gut.
- Wer im Glashaus sitzt, soll nicht mit Miezen werfen.
  Wer im Glashaus sitzt, soll nicht mit Steinen werfen.
- Eine Katze macht noch keinen Sommer.
  Eine Schwalbe macht noch keinen Sommer.
- Stille Katzen sind tief.
  Stille Wasser sind tief.

Wie heißen die Märchen richtig?

- Die Bremer Stadtschmusekatzen
  Die Bremer Stadtmusikanten
- Der Katzenkönig
  Der Mäusekönig
- Der Wolf und die sieben Miezen
  Der Wolf und die sieben Geißlein
- Brotkätzchen
  Rotkäppchen
- Der Kater mit den drei goldenen Haaren
  Der Teufel mit den drei goldenen Haaren
- Schneewittchen und die sieben Kätzchen
  Schneewittchen und die sieben Zwerge
- Zwerg Kater
  Zwerg Nase
- Schneekätzchen und Rosenrot
  Schneeweißchen und Rosenrot

Inserate

Boxerrüde –
etwas dick,
fünf Jahre alt –
sucht neues Zuhause.
Mag keine Kinder.
Eigentlich sehr dick.

Kakadu -
handzahm, mit neuem Käfig –
an Liebhaber abzugeben.

Fuchsstute –
dreijährig, kerngesund,
brav und geländesicher –
umständehalber abzugeben.

Junge
Blaustirnamazone
verkäuflich.

Jakob und Yasmin. *Sketch von A bis Z*

J: **A**h, ist mir kalt!
Y: **B**eweg dich halt ein bissl!
J: **C**ouchpotato bin ich eh keiner!
Y: **D**as glaubst aber auch nur du!
J: **E**igentlich könnten wir eine Runde joggen!
Y: **F**reiwillig? Ich sicher nicht.
J: **G**eh, komm! Mach mit! Mir zuliebe!
Y: **H**ab keine Lust!
J: **I**ch spendier dir nachher heiße Maroni.
Y: **J**a, das kenne ich schon. Deine Versprechungen!
J: **K**annst mich diesmal beim Wort nehmen.
Y: **L**ustig ist es aber nicht, das Joggen.
J: **M**uss ja nicht lustig sein.
Y: **N**a gut, aber nur zehn Minuten.
J: **O**kay.
Y: **P**uh, jetzt ist mir auch kalt.
J: **Q**uerfeldein kommen wir zur alten Mühle.
Y: **R**ennen wir lieber morgen eine Runde.
J: **S**iehst du, so bist du. Springst sofort wieder ab.
Y: **T**u doch nicht so, als ob du so verlässlich bist.
J: **U**nd? Bin ich das vielleicht nicht?!
Y: **V**erflixt und zugenäht! Jetzt hat mich doch tatsächlich dein Hund angepinkelt.

J: **W**er?
Y: **X**aver, dein Köter!
J: **Y**asmin, ich warne dich. Sag nie wieder „Köter" zu meinem Hund. Außerdem hab ich ihn heute zuhause gelassen.
Y: **Z**isch ab, du Hundevieh!
   Zieh Leine, du Reserve-Löwe!

Januar

Josefs
Jagdtrophäe
bejubelt

Februar

frisch vermählten
Forellendieb
gefasst

März

mannsgroße
Murmeltier
modelliert

Juli

Jackpot-Gewinner
zugejubelt

August

achtzehn
Aale
geangelt

September

späte
Sonnenanbeter
gesichtet

Jahresbericht

April
angepasste Amtsrichter ausgetrickst

Mai

Modeschau mit molligen Mäusemädchen gemanagt

Juni

Juniors Jahresverluste bejammert

Oktober

orientalische Ohrgehänge geortet

November

närrische Nackenmasseure gekidnappt

Dezember

dicke Daunendecken geduldet

K

Kennst du den Anfang dieser Sprichwörter?

. . . , soll nicht mit Steinen werfen.
- Wer die Glasmaus ritzt, . . .
- Wer im Haas-Haus schwitzt, . . .
- Wer im Glashaus sitzt, . . .

Wer im Glashaus sitzt, . . .

. . . kein Preis.
- Ohne Schweiß . . .
- Ohne Fleiß . . .
- Ohne Eis . . .

Ohne Fleiß . . .

. . ., das verschiebe nicht auf morgen.
- Falls du Bräute kannst besorgen, . . .
- Falls du Häute kannst herborgen, . . .
- Was du heute kannst besorgen, . . .

Was du heute kannst besorgen, . . .

Känguru irrt durch Bayern

Eine Zeitungsmeldung

Ganz Eggenfelden ist in Aufruhr. Seit Tagen hüpft das entlaufene Känguru **Heidi** durch Niederbayern. Es ist aus einer privaten Zucht ausgebrochen. Partner **Hermann** blieb traurig im Gehege zurück.

**Knusper-Knabber-Knochen-Schmaus,
Katzenkralle, fette Maus,
Krötenwarzen, Fliegendreck –
und du bist weg!**

Auszählreim

Auf einem fliegenden Teppich kam
das **K**atzebra im Vorjahr aus Amsterdam.
Es flog bei strahlendem Sonnenschein
bei mir zum offenen Fenster herein.

Es landete auf der Ofenbank,
verstaute den Teppich im Wäscheschrank,
trippelte dann mit zierlichen Hufen
zu mir und sagte: „Du hast mich gerufen?!"

Ich konnt mich jedoch überhaupt nicht entsinnen
und dachte für mich: Was soll ich beginnen
mit diesem ungebetenen Gast?
Er ist mir sicher nur eine Last.

Und während ich hin und her überlegte,
sah ich, wie es eine Kiste zersägte,
aus den Brettern für sich ein Bettchen baute
und später Pfefferminz-Kaugummi kaute.

Katzebra

Mit der Zeit ist's mein guter Hausgeist geworden.
Es teilt mit mir kleine und große Sorgen,
bringt mir am Morgen auf einem Tablett
Frühstück und Zeitung an das Bett,

folgt mir getreulich Schritt für Schritt,
geht auf den Markt und ins Kino mit,
begleitet mich abends ins „Goldene Lamm"
und bringt mir beim Baden Seife und Schwamm.

Vorm Schlafengehen erzählt es mir gern
von seinen Reisen zu einem Stern,
von einem Schloss aus Marzipan
und Bäumen mit goldenen Äpfeln dran.

Doch heute sagte es um halb zehn:
»Du, hör mal, ich muss dir etwas gesteh'n.
Vor langer Zeit einmal war ich bekannt
und berüchtigt im ganzen Morgenland:
Der vierzigste Räuber von Ali Baba
war meine Wenigkeit. – Bitte, kein Aber ...«

Kra

Krallinsky war ein Faulpe
als sich in anstrengenden E
Miezen, die auf sehr diskr
aus der Umgebung auffing
Natürlich legten sie
auch fette Mäuse vor seine
Pfoten, denn sie wussten es se
zu schätzen, dass er in der Ka
City für Ordnung sorgte. Er ta
mit eiserner Kralle und hatte
so manchem Ganoven das Ta
gelegt.
Krallinsky war der Chef,
s
kurzen Prozess ge
hatte er Zahnstocher-Charly und Hinke
weggefegt, sodass sie in hohem Bogen bäuchlings a
winselten. Er befreite die beiden erst dann aus ihrer mi
und zu ehren, ihm bei öffentlichen Auftritten als Leibwä
Worten anzukündigen: „Platz da, der Commissari

nsky

zog es vor, sich die Sonne aufs Fell brennen zu lassen,
ngen zu ergehen. Letzteres besorgten schon seine
ise das Gefauchte, Gemaunzte und Geschnurrte
nd es Krallinsky flüsterten.

mer Eins,
der Oberboss. Dass er am Liebsten
Commissario genannt werden wollte,
war eine kleine Macke, die ihm jeder
gern verzieh.
erk   Jedes Katzenjunge in der Stadt liebte die
Geschichten, die von ihm erzählt wurden.
um   Besonders beliebt war die, wie er mit

Erzfeinden
hatte. Mit einem einzigen Tatzenhieb

Heimo von der Theke einer Spelunke
m Luster landeten und kläglich um Hilfe
n Lage, als sie versprachen, ihn fortan zu achten
zur Seite zu stehen und sein Kommen mit den
mmt."

Laut-Gedicht

danebendanebendanebendaneben
danebendanebendanebendaneben
danebendanebendanebendaneben
daneben **T O R** daneben
danebendanebendanebendaneben
danebendanebendanebendaneben
danebendanebendanebendaneben

Anleitung:
Der Chor stellt sich im Halbkreis auf. Jedes Kind ruft einmal laut und deutlich »daneben«, und zum Abschluss schreien alle gemeinsam: »Tor!«

Lockruf für eine Naschkatze

von A bis Z

Alex, bleib!
Christiane
darf eigenmächtig
Festlichkeiten gestalten: Haselnusstrüffel in
Jasminblüten, kaiserlich-königliche Lollipops mit Nougatfüllung, Oberscrèmeschnitten,
Punschkrapfen, quergestreifte Rumkugeln, Schokoherzen, Tortenvariationen und Vanillekipferl, Windbäckerei, x-beliebigen
Yorkshire-Pudding,
Zimtsterne.

Lebenslauf

auf die Welt kommen
zu Wort kommen
hinter Geheimnisse kommen
auf Ideen kommen
in Bedrängnis kommen
auf die schiefe Bahn kommen
fast unter die Räder kommen
zur Einsicht kommen
wieder auf gleich kommen
in die Jahre kommen
mit sich ins Reine kommen
und am Ende, vielleicht, in den Himmel kommen

Kennst du Lola?

Lola mag Lampions,
Luftburgen,
Liedermacher,
Lotteriegewinne,
Luftschlösser,
Lavendelfelder,
Lamas,
Loblieder,
Lammkeulen,
Luxusgeschöpfe,
Libellenflügel,
Lachfalten –
aber keine Lämmergeier.

Ein Pinguin wollte hoch hinaus
und spannte weit seine Flügelchen aus.
Er träumte von Fernen,
Planeten und Sternen –
er kam jedoch nur bis zum Vogelhaus.

Es leben in München **zwei** Mäuse,
die fahren recht gern ins Gesäuse.
Sie fliegen nach Bali,
ab und zu auch nach Mali,
doch am liebsten sind sie zu Hause.

„Verzeihung!", sagte die Schnecke,
„dass ich Sie um Mitternacht wecke,
doch Sie, faules Tier,
Sie schnarchen hier
seit **fünf** Stunden auf meiner Bettdecke."

Limericks

Es gibt in Saarbrücken **drei** Mücken,
die springen so gern von den Brücken.
Man hat sie gewarnt.
Sie hab'n sich getarnt.
Nun humpelt das Trio auf Krücken.

Lesezeichen

Entlang der strichlierten Linie ausschneiden ...

Lesezeichen

... und verwenden!

Miau-TV

Miau-TV macht Katzen schlau
Eine Zeitungsmeldung

Katzen in den USA, denen Plastikspielzeug und Wollknäuel zu langweilig werden, bekommen neue Unterhaltung. Freitagabend startet die erste TV-Show für Katzen. Miau-TV »eignet sich auch für Leute, die von Katzen geduldet werden«, sagt der Anbieter.

Die erste Folge enthält Szenen mit Eichhörnchen und Fischen, Videos mit Katzen, die surfen, mit Stäbchen essen und Katzen-Yoga praktizieren.

Gesponsert wird die Show von einem Katzenfutter-Hersteller. Nach dessen Angaben leben in US-Haushalten 85 Millionen Katzen, von denen rund ein Drittel häufig vor dem Fernseher sitzt.

Meteorologisches
von A bis Z

Als das **A**driatief auf das **B**iscaya-Hoch prallte, kam es zu **c**haotischen Zuständen. Tagelanger **D**auerregen führte zu **E**rdrutschen. **F**öhn folgte **G**ewittern. Die **H**urrikanes **I**ris und **J**enny hielten die Karibik in Atem. Eine **K**altfront zog über Skandinavien. In den Pyrenäen gingen **L**awinen nieder. In Südfrankreich wütete der **M**istral. Die großen **N**iederschlagsmengen führten in Deutschland zu Überschwemmungen. **O**rkanartige Stürme legten im Mittelmeer die Schifffahrt lahm. In Griechenland wurden 5 cm **P**ulverschnee gemeldet. **Q**uerfeldein fiel in ganz Österreich **R**aureif, und die **S**chneefallgrenze sank auf 350 Meter. In Russland wurden tiefste **T**emperaturen gemessen.
Im Süden der USA brachten **U**nwetter einen **V**orgeschmack auf die herannahenden **W**irbelstürme **X**enia und **Y**vonne. Doch vorläufig war für die nächsten Tage ein **Z**wischenhoch angesagt, das wir alle bitter nötig hatten.

Merksatz:
Wer Torte nie mit Schlagrahm aß, weiß nicht, wie Mieder zwicken.

Münchner Merkur
Mittagsausgabe

Mollige **M**iezen **m**usizieren **m**it **m**ausgrauen **M**eerkatzen.
Montag**m**ittag: **M**andoline und **M**aultrommel.
Mittwoch **M**itternacht: **M**undharmonika.
Massenauflauf **m**öglich.

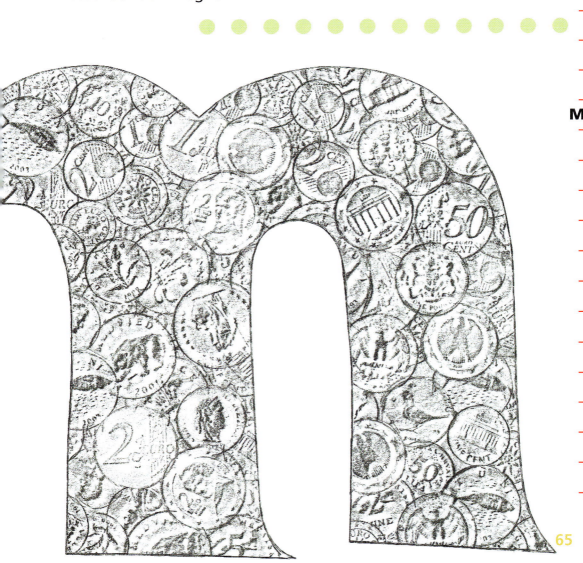

Welche Mieze

Was du einen Nacktflitzer auf keinen Fall fragen solltest
- Wo drückt Sie der Schuh?
- Ist Ihnen das Hemd näher als der Rock?
- Haben Sie Ihren Gürtel bereits enger geschnallt?
- Ist Ihnen heute schon der Kragen geplatzt?
- Haben Sie eine weiße Weste?
- Wann machen Sie sich endlich auf die Socken?
- Wie bringen Sie alles unter einen Hut?

Na, so was! *Eine Zeitungsmeldung*

Affentheater im Schönbrunner Tiergarten
Zwei Berberäffchen, die in ein Gemeinschaftsgehege mit gämsenähnlichen Mähnenspringern verlegt werden sollten, „spielten" nicht mit. Die Tiere nutzten den Umzug zum spektakulären Rückzug in die Baumwipfel.
Ein Tierarzt machte ihrer Flucht ein Ende. Als die Betäubungspfeile ihre Wirkung taten, schliefen die Ausreißer an die Äste geklammert ein und konnten unversehrt von den Bäumen »gepflückt« werden.

nie (und nimmer?)

Philharmo-**nie**
Zeremo-**nie**
Mela-**nie**
Sympho-**nie**
Kolo-**nie**
Harmo-**nie**
Baro-**nie**
Ge-**nie**
K-**nie**

Neu im Angebot

Befehlsformen

Rede, Freiheit!
Brumm, Kreisel!
Schwimm, Reifen!
Sprich, Wort!
Flieh, Kraft!
Zieh, Mutter!
Lach, Falte!
Schieß, Pulver!
Ruf, Zeichen!
Heul, Suse!
Komm, Union!
Lauf, Schuh!
Wein, Krampf!
Renn, Schwein!
Schrei, Hals!
Schlaf, Mütze!
Beiß, Korb!
Fahr, Schein!
Sitz, Garnitur!

Und welche kennst du?

Neun nackte Nilpferddamen
Rückblende

Neun nackte Nilpferddamen lagen auf der Yacht.
Eine schnappte sich der Wind. Da waren's nur noch acht.

Acht nackte Nilpferddamen sind an Bord geblieben.
Eine wollte tauchen gehen. Da waren's nur noch sieben.

Sieben nackte Nilpferddamen trafen eine Hex'.
Und schwupp! Die rote ward entführt. Da waren's nur noch sechs.

Sechs nackte Nilpferddamen fielen in die Sümpf'.
Eine nahm ein Frosch zur Frau. Da waren's nur noch fünf.

Fünf nackte Nilpferddamen spielten schön Klavier.
Eine fiel vom Podium. Da waren's nur noch vier.

Vier nackte Nilpferddamen gab es noch im Mai.
Eine wollte Drachenfliegen. Da waren's nur noch drei.

Drei nackte Nilpferddamen traf ich auf Hawaii.
Eine wurde Fußballstar. Da hatt ich nur noch zwei.

Zwei nackte Nilpferddamen nahm ich an die Leine.
Eine riss mir trotzdem aus. Da hatt ich nur noch eine.

Die **eine** nackte Nilpferddame geb ich nicht mehr her.
Sie wohnt bei mir und frisst mir oft
den ganzen Kühlschrank leer.

Personenraten:

Eine/r sucht sich (still!) eine Person aus, das kann der Vater oder die Oma oder ein Popstar oder eine Fernsehsprecherin sein (...). Bedingung ist allerdings, dass alle Mitspieler/innen diese Person kennen.

Dann beginnt das Fragen, alles muss mit ja oder nein zu beantworten sein: „Ist die Person ein Mann?" - nein - „Hat sie blonde Haare?" - ja - usw. Bekommst du ein Ja als Antwort, kannst du weiterfragen, sonst ist der/die Nächste dran. Wer die Person errät, darf sich jemand Neuen ausdenken.

Beim Farbenraten

beginnt eine/r mit: „Ich seh, ich seh, was du nicht siehst, und das ist blau." Daraufhin schauen alle, was blau ist, und versuchen, das Gefragte zu erraten: „Die Lampe?" - nein - „Die Stiefel?" - nein - ... bis es erraten ist: „Der Sessel?" - JA! Jetzt macht der/die Rätsellöser/in weiter: „Ich seh, ich seh, was du nicht siehst..."

ROT Dieses Ratespiel funktioniert aber nicht nur mit Farben, sondern auch mit Formen: „Ich seh, ich seh, was du nicht siehst, und das ist lang und spitz!" Ansonsten weiter wie oben...

Besonders geheimnisvoll wird das Raten so: „Ich denk, ich denk, was du nicht denkst, und das ist wichtig (lustig)..."

Noch mehr Spiele

Verstecken spielen:

Ist lustiger mit einer größeren Gruppe. Am besten geeignet sind Wohnungen mit vielen geheimen Winkeln, aber natürlich auch der Spielplatz oder Omas Garten.

So geht's: Eine/r „schaut ein" (zur Wand drehen und Augen zu) und zählt laut bis 100: „1-2-3-4-5-6-7-8-9-10-20-bis 100, ich schaue!" und beginnt jetzt zu suchen... Platzwechseln ist beim Verstecken natürlich erlaubt! Sind alle gefunden, kommt der/die Nächste dran.

Die Versteckten

können auch versuchen, den „Einschauplatz" zu erreichen ohne abgefangen zu werden. Sobald man dort ist, ruft man laut: „1-2-3 -abgescheckerlt!"

Armer schwarzer Kater:

Bei diesem Spiel sitzen alle außer einem/einer im Kreis. Dieser ist der schwarze Kater, der von einem Platz zum nächsten wandern muss, sich anschmiegen und herzzerreißend maunzen muss. Der/die sitzende Mitspieler/in sagt: „Armer schwarzer Kater!" Wer lacht, wird der arme schwarze Kater und muss nun versuchen, jemanden zum Lachen zu bringen.

Orte mit seltsamen Namen

Bern
stein
Fleisches
u s
Ochsengarten
Wies
fleck
Sommerloch
Sieben
hirten

● Kleinschweinbarth

Ludwigs
lust

Stiefrosen

Guten
Morgen

Und welche kennst du?

Ob wir ...

Ob wir Meerschweinchen oder mehr Schweinchen haben,
ob wir Meerkatzen oder mehr Katzen möchten,
ob wir Meersterne oder mehr Sterne suchen,
kommt ganz auf die Betonung an.

**H TEL ZUR S NNE IN ST. M RITZ
SUCHT FÜR DIE S MMERSAIS N
EINEN K CH, EINEN BERKELL-
NER UND EINEN P RTIER.
GR SSZÜGIGE BEZAHLUNG GA-
RANTIERT.
V RSTELLUNGSGESPRÄCHE AB
M NTAG V RMITTAG BEI HERRN
K NRAD.**

(Leider wurde versehentlich der zwischen N und P
befindliche Buchstabe ents rgt. Wir bitten um
Verständnis.)

Orchesterprobe
a cappella

Katzen schnurren
Tauben gurren

Bären brummen
Bienen summen

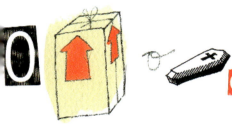

Köpfe rauchen
Kater pfauchen

Hunde jaulen
Mädchen maulen

Buben raunzen
Miezen maunzen

**Was oder
alles verbindet**
(oder auch nicht)

Schafe schmatzen
Katzen kratzen

Geld **oder** Leben!
Kopf **oder** Adler
alles **oder** nichts
mehr **oder** weniger
Sein **oder** Nichtsein
so **oder** so

Ziegen meckern
Babys kleckern

Hunde knurren
Katzen schnurren

entweder **oder**
Frankfurt an der **Oder**
oder so
oder?

Das andere POESIE-ALBUM

Drei Stäubchen am Bache,
die siebte ich leer,
aber dich, liebe Susi,
lockt brausend das Meer. *1

♥

Drei Täubchen am Bache,
die liebte ein Bär,
doch dich, meine Süße,
lockt er schmausend da her.

♥

Hosenstulpen welken.
Kühe muss man melken.
Mäuse jedoch nicht,
du Vergissmeinnicht! *2

♥

**Weißt du,
wie es richtig heißt?**

*1: Drei Täubchen am Bache,
die liebte ich sehr,
aber dich, liebe Susi,
noch tausendmal mehr.

*2: Rosen, Tulpen, Nelken,
alle drei verwelken,
nur das eine nicht,
und das heißt Vergissmeinnicht.

78

Palindrome

sind Wörter und Sätze, die sowohl vorwärts als auch rückwärts gelesen werden können

Otto

Lagerregal

Reliefpfeiler

Erika feuert nur untreue Fakire

Nie, Amalia, lad ´nen Dalai Lama ein!

Ein Neger mit Gazelle zagt im Regen nie.

Eine Blase salbe nie.

Rentner

Anna

Wie sich das **M**ondkalb die

eten merkt:

!Teer! Sa, turn! Ura-nuss! Sepp! Tun! Blut? Oh!

P

81

Quiz

Was ist eine Geisterstadt?
- eine Stadt, in der die Geister ihren Hauptwohnsitz haben
- eine ausgestorbene Stadt
- eine Stadt, in der Geister ihr Unwesen treiben

eine ausgestorbene Stadt

Was ist ein Yak?
- Abkürzung für Ybbser Arbeiterkammer
- Kurzform für Jakob
- ein tibetanisches Wildrind

ein tibetanisches Wildrind

Was ist eine Eselsbrücke?
- eine Brücke, die über die Esel (Fluss) führt
- eine Gedankenstütze
- eine – in mühsamer Kleinarbeit – von Eseln erbaute Brücke

eine Gedankenstütze

Kennst du Queensland?
Dort gibt es
Quastenflosser,
Quecksilbersäulen,
Quader,
Quartettspieler,
Quiz-Kandidaten,
Quadratschädel,
Quallen,
Querschläger,
Quellenverzeichnisse,
Querulanten –
aber keine Quasseltanten.

Rap für Österreich-Fans

Bregenz liegt am See,
und in Wien, da rennt der Schmäh.

In Innsbruck gibt's oft Föhn,
und in Salzburg ist's sehr schön.

In Eisenstadt spielen's Haydn,
und um Graz könnt's uns beneiden.

In Linz gibt's oft an Stau,
in St. Pölten Himmelblau.

»Aber morgen«, sagt die Mama,
»morgen gibt's a Ramatama*.
Und am Sonntag fahr ma furt
nach Kla-gen-furt.«

Aufräumen, Großreinemachen

Reimwörter gesucht!

Butter sucht Brot
Segel sucht .....   Boot
Eis sucht Berg
Garten sucht .....   Zwerg
Milch sucht Zahn
Eisen sucht .....   Bahn
Stech sucht Mücke
Zahn sucht .....   Lücke
Nuss sucht Baum
Bier sucht .....   Schaum
Mode sucht Puppe
Nudel sucht .....   Suppe
Ur sucht Laub
und macht sich aus dem Staub.

Rätsel
Eine Mausefalle mit 5 Buchstaben?

Katze

Eine oder einer der Mitspielenden stellt einen bestimmten Beruf nur mit einer Handbewegung vor. Sie kann beliebig oft wiederholt werden. Die anderen raten, um welchen Beruf es sich handelt. Die Fragen der Ratenden werden mit ja oder nein beantwortet. Wenn's zu schwer ist, kann man mit warm und kalt helfen. Mit den Fragen tastet man sich an die Lösung heran: „Ist die Arbeit körperlich anstrengend?"... „Wird sie im Freien ausgeübt?"...

Von Beruf...

Fantasiereise

Eine/r von euch beginnt eine Reise zu erzählen – der Beginn kann natürlich völlig mit dem Beginn einer richtigen Reise übereinstimmen – ihr könnt eure Wünsche und Vorstellungen und Erwartungen erzählen oder euch auf eine Traumreise in fantastische Regionen begeben. Da können Feen, Marsmännchen oder Saurier eine Rolle spielen. Nach ein paar Minuten kommt der/die Nächste dran und führt die Reise fort.

Ich seh, ich seh...

Spiele für Reisen

Eine/r aus der Runde nimmt eine bekannte Persönlichkeit oder jemand aus der Familie oder eine Person, die alle Mitspielenden kennen, und beginnt, die gesuchte Person steckbrieflich zu beschreiben. Erst in groben Zügen: Geschlecht, Hautfarbe... Dann immer genauer: besondere Merkmale, Charaktereigenschaften, Hobbys... Wer draufkommt, wer gesucht ist, darf weitermachen.

Steckbrieflich gesucht!

Streng wissenschaftliche Nonsense-Debatte

Wer erfindet die besten Nonsense-Argumente? Der Moderator der Runde stellt die Personen und das Thema vor, z.B. „die Einbalsamierung von Flusskieseln" oder „das heilsame Zählen der Löwenzahnsamen"...

Umweltthemen sind immer aktuell!

Eine Variante des Farbenratens ist: „Ich seh etwas an dir/euch, was du nicht siehst/was ihr nicht seht." „Und das beginnt mit K (Knopfloch)." Hilfe geben mit „warm/kalt".

Eine/r überlegt sich, was er/sie ist: ein Haus, ein Auto, eine Dampflok, ein Wald, z.B.:
„Ich bin ein Haus, ich bin neu gebaut und weiß gestrichen..." und erzählt kurz. Dann gibt man weiter mit: „Ich bin ein Haus und was bist du?" Weiter geht's z.B. mit: „Du bist ein Haus, und ich bin das Fenster"...

Das Ganze und seine Teile

87

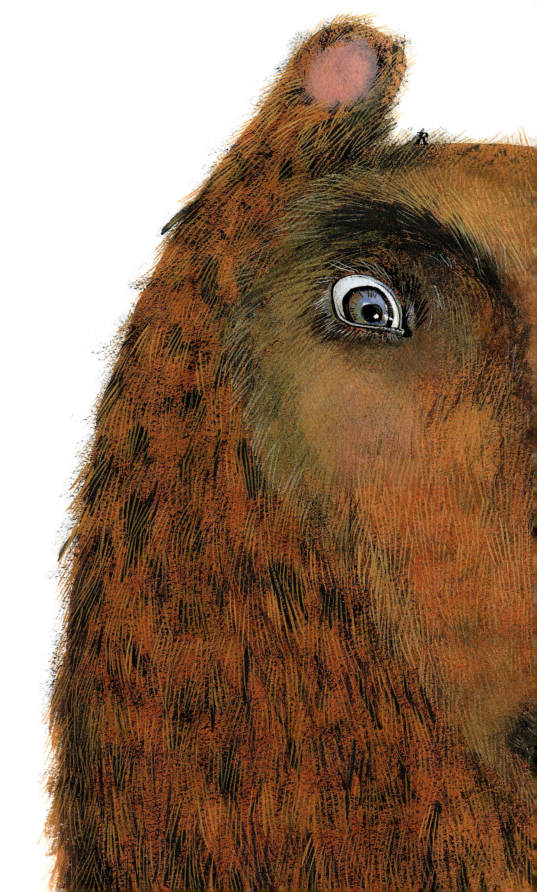

Alles ist relativ

»Und was jetzt?«, fragt die Ameise. »Vor uns liegt ein unüberwindliches Meer.«

»Das sehe ich anders«, sagt der Bär, hebt die Ameise hoch und trägt sie über die Pfütze.

Schnellsprechsätze

Wenn dein Dackel zu meinem Dackel noch einmal »Dackel« sagt, kriegt dein Dackel von meinem Dackel so eine gedackelt, dass dein Dackel nicht mehr »Dackel« sagen kann.

Am zehnten Zehnten um zehn Uhr zehn zogen zehn zahme Ziegen zehn Zentner Zucker zum Zoo.

Klitzekleine Kinder können keinen Kirschkern knacken.

Wenige wissen, wie viel man wissen muss, um zu wissen, wie wenig man weiß.

Denke nie, du denkst, denn wenn du denkst, dann denkst du nicht, dann denkst du nur, dass du denkst, denn das Denken der Gedanken ist gedankenloses Denken.

Wenn Robben hinter Robben robben, robben Robben Robben hinterher.

Andere Ausdrücke (Synonyme) für »spinnen«

- einen Huscher haben
- auf'm falschen Kahn sitzen
- einen Sprung in der Schüssel haben
- einen Schaden in der Optik haben
- neben der Schüssel parken
- meschugge sein
- einen Riss in der Feile haben
- nicht alle Tassen im Schrank haben
- einen Schuss in der Marille haben
- falsch ticken
- ein Ei am Brodeln haben
- einen Chip locker haben
- nicht alle auf der Platte haben
- eine Schraube locker haben
- einen Kiosk auf der Eigernordwand haben
- einen Triller unterm Pony haben

Und welche kennst du?

SUCHSPIEL
Welche Begriffe gehören nicht in die jeweilige Gruppe?

Schwein
Wildschwein
Hausschwein
Hängebauchschwein
Sparschwein

Was gehört nicht in die Bestecklade?

Sprossen
Kohlsprossen
Bambussprossen
Sojasprossen
Sommersprossen

Träger
Kofferträger
Dachträger
Aktenträger
Hosenträger

Löffel
Suppenlöffel
Schöpflöffel
Schuhlöffel
Teelöffel

Schuh
Sportschuh
Lackschuh
Schischuh
Frauenschuh

Leiter
Schulleiter
Chorleiter
Tonleiter
Seminarleiter

Gabeln
Kuchengabel
Mistgabel
Fleischgabel
Stimmgabel

Haus
Wohnhaus
Krankenhaus
Schneckenhaus
Hochhaus

Straße
Milchstraße
Wohnstraße
Einkaufsstraße
Einbahnstraße

Messer
Brotmesser
Fleischmesser
Obstmesser
Fiebermesser

Die Zeit, in der das »Sch« streikte

Irgendwann wollte sich das »Sch« nicht mehr in den Dienst der Sprache stellen. »Ich mag nicht mehr!«, sagte es. »Mir reicht es! Punktum.«

Natürlich war das ein Ock für Groß und Klein. Impfwörter wie Eiße und Eißkerl hatte nicht mehr dasselbe Gewicht wie früher, und das machte den Leuten ganz ön zu affen.

Doch das Leben ging weiter.

Meine Wester war immer noch eine Reckraube und mein Bruder ein Erzbold. Obwohl wir uns oft Reiduelle lieferten, so fanden die Leute doch, wir wären eine recklich nette Familie. Wir Kinder auten liebevoll auf unsere Ildkröte und unsere eckigen Meerweinchen. Papa aute auf seine Metterlingssammlung, Oma auf ihren Oßhund und Mama auf uns, ihre Ützlinge.

In den Ferien machten wir eine Iffsreise zum Warzen Meer. Dort norchelten wir nach Herzenslust und warfen uns gegenseitig aus dem weißen Lauchboot.

Zu Mittag und am Abend nabulierten wir Lemmermenüs und genossen die großen Portionen Okolade-Eis, die als Nachti serviert wurden. Leider bekam meine Wester on nach zwei Wochen Üttelfrost und einen starken Nupfen, sodass wir leunigst nach Hause fahren mussten. Mein Bruder heulte wie ein Losshund, weil er gern noch die Atztruhe gesucht hätte, die Piraten dort vergraben haben sollen.

Auch mir fiel der Abied wer, und ich luchzte, weil ich nun das mächtige Mädchen mit dem Mollmund nicht mehr wiedersehen würde.

Aber es nützte alles nichts. Wir mussten die öne Reise abbrechen und mit dem Lafwagen nach Hause fahren, wo mein Westerherz bald wieder auf den Beinen war und uns das Leben wer machte.

Vollmundige

Du **a**hnungsloser **A**usternschlürfer!

Du **b**egnadeter **B**eckenrand-Schwimmer!

Du **C**haotischer **C**ouchpotato!

Du **d**urchgeknallter **D**ünnbrettbohrer!

Du **e**wig gestriger **E**llbogen-Kämpfer!

Du **f**erngesteuerter **F**aserschmeichler!

Du **g**lupschäugige **G**angsterbraut!

Du **h**art gesottener **H**interhof-Sheriff!

Du **i**deenloser **I**llustrierten-Heini!

Du **j**aulender **J**ammerlappen!

Du **k**risengeschüttelter **K**araoke-Heuler!

Du **l**amettabehängtes **L**uxusgeschöpf!

Du **m**ausgrauer **M**ediensklave!

Du **n**uschelnder **N**adelstreif-Ganove!

chimpfwörter-ABC

Du **O**hrengepierctes **O**sterhasen-Model!

Du **p**ockennarbiger **P**ausenclown!

Du **q**uotenträchtige **Q**uasseltante!

Du **r**underneuerter **R**eserve-Tarzan!

Du **S**chaumgebremster **S**chwimmreifen-Adonis!

Du **t**eilalphabetisierte **T**ussi!

Du **U**nterbelichteter **U**-Bahn-Wächter!

Du **V**erschwurbelter **V**orstadt-Casanova!

Du **W**ortkarger **W**armduscher!

Du **X**elchte **X**antippe!

Du **Y**orkshire **Y**achten-Mafioso!

Du **Z**erknautschter **Z**wergpudel-Masseur!

Und welche kennst du?

● ● ● ● ● ● ● ● ● ● ● ●

Das **S**chimpanseepferdchen wiegt sich im Meer
zur Wellenmusik zärtlich hin und her.
Siehst du es dabei durch das Wasser schweben
und nur ganz leicht mit den Flossen beben,
denkst du vielleicht, dass es immer so still
und heimlich vor sich hinträumen will.
Doch ist das Schweben nur Vorbereitung
für seinen Auftritt. (Inserat in der Zeitung!)

Und dann, zur gegebenen Stunde,
wirbelt in die versammelte Runde
   das Schimpanseepferdchen, dieser Schelm,
trägt auf dem Kopf Tschinellen als Helm,
stößt kräftig in die Posaune,
spielt wild und zahm, je nach Laune,
bedient dabei mit dem Ringelschwanz
ein Glockenspiel und bittet zum Tanz.

Schimpanseepferdchen

Auf einmal ist ihm nach Schabernack.
Es bläst vergnügt in den Dudelsack
und heraus purzeln winzige Quallen –
anstatt Töne – und feine Korallen.
Dann zaubert es aus einem Fächer
gemischtes Eis im Becher,
das wird den Zuschauern, groß und klein,
freundlich serviert mit Honigwein.

Plötzlich wallt das Meer auseinander.
Es erscheint ein Salamander,
der verneigt sich
nach allen Seiten adrett
und bringt
den kleinen Künstler
zu Bett.

S

Wo die Tiere versteckt sind

Im **K**el**ch** steckt ein Elch
und im Str**eber** ein Eber.
In den Renten stecken ...,   Enten
im Graben die ...   Raben
und im Funken die ...   Unken
Im Schotter steckt ein ...,   Otter
im Klaus eine ...   Laus
und im Saal ein ... .   Aal
Im Schund steckt ein ...,   Hund
in der Kammer eine ...   Ammer
und im Schmaus eine ... .   Maus

Ein Tag am 4waldstättersee

Wenn ein **3**käsehoch und ein **9**malkluger an den **4**waldstättersee reisen, um sich dort im Bistro des Y**8**hafens eine Schw**1**stelze schmecken zu lassen, dann besteht für die **10**er Marie kein Grund, ver**2**felt zu sein und einen W**8**meister zur Oberaufsicht über die beiden nachzuschicken.

Der **9**malkluge und der **3**käsehoch haben nämlich alles bis ins kl**1**te Detail geplant. Als Erstes werden sie einen **3**master kapern und den Kapitän **1**tweilen ‚Habt **8**!' stehen lassen. Das gibt dem **3**käsehoch genügend Zeit, um die **7**meilenstiefel auszuziehen und in den Ausguck zu klettern. Dann wird der **9**malkluge den Kapitän auffordern, sie mit **10** Knoten in der Stunde zu den **5**hausener Festspielen zu bringen, wo der **2**akter „Die Schlammschl**8** nach dem W**1**kandal" auf die Bühne gebr**8** wird, bei der der **3**käsehoch ein Wald**4**tler Ver**1**-Vorstandsmitglied, einen wahren Pr**8**kerl mit **3**tagesbart, verkörpern soll.

Welche zwei Teile gehören zusammen?

Vorderteil:

Wer anderen eine Grube gräbt, ...

Wer rastet, ...

Wer A sagt, ...

Wer im Glashaus sitzt, ...

Wer zuerst kommt, ...

Wer den Groschen nicht ehrt, ...

Wer den Schaden hat, ...

Was Hänschen nicht lernt, ...

Was du heute kannst besorgen, ...

Was du nicht willst, dass man dir tu, ...

Wie man sich bettet, ...

Wo gehobelt wird, ...

Wo ein Wille, ...

Hinterteil:

..., lernt Hans nimmermehr.

..., muss auch B sagen.

..., da ein Weg.

..., soll nicht mit Steinen werfen.

..., hat auch den Spott.

..., der rostet.

..., so liegt man.

..., das verschiebe nicht auf morgen.

..., das füg auch keinem andern zu.

..., ist den Schilling nicht wert.

..., fällt selbst hinein.

..., mahlt zuerst.

..., da fallen Späne.

Das Tier in dir
oder
Erkenne dich selbst!

Zutreffendes bitte ankreuzen!

Unglücksrabe

Schmutzfink

Faultier

Angsthase **Pfingstochs** **Packesel**

Schmusekater **Bücherwurm** **Zugpferd** **Nachtfalter**

Arbeitsbiene **Lackaffe**

Partytiger **Hornochs**

101

Urlaubsbericht

Stundenlang gestaut,

Algenplag' geschaut,

nicht ins Meer getraut,

Sandburgen gebaut,

sonnverbrannt die Haut,

im Hotel beklaut,

Kaltfront aufgebaut,

Freude abgeflaut,

Souvenirs verstaut,

nach Bezahlen der Maut

wieder nach Haus gestaut.

 &

... und am Sonntag

Am **Montag** kam eine Karte von ihr.
„Ankomme Sonntag! Ick freu mir auf dir!"
Am **Dienstag** begann ich aufzuräumen,
doch leider verfiel ich ständig ins Träumen.
Am **Mittwoch** stutzte ich mir die Krallen,
denn eines steht fest: Ich will ihr gefallen!
Am **Donnerstag** stürzte ich mich ins Gedränge,
kaufte Fisch und Garnelen – jede Menge.
Am **Freitag** kaufte ich Marzipan ein,
feine Leberstückchen und Gänsewein.
Am **Samstag** schmückte ich alle Zimmer
mit saftigem Gras. An sie denk ich immer!
Am **Sonntag** ist es endlich so weit.
Vorbei die lange Wartezeit.
Ich stehe am Bahnhof, bereits um halb acht.
Hab zur Begrüßung was mitgebracht.
Da fährt der Zug ein. Mein Herz schlägt so schnell.
Und da sehe ich sie – ihr gestriegeltes Fell,
die noble Haltung von der Sohle bis zum Scheitel.
Noch ein Blick in den Spiegel – tja, sie ist etwas eitel!
Und dann hält der Zug – und der Schluss bleibt offen.
Meine Mieze ist endlich eingetroffen.

Reise durch die Verdrehte Welt

Willkommen an Bord unseres Schiffstraumes! Wir segeln heute Mittag hinaus ins Schweinchenmeer und werden gegen Abend die Insel der Bratenteufel erreichen, die wir morgen erforschen werden. Ich muss jedoch alle Bauchschwabbel unter Ihnen bitten, sich nur in Begleitung von Bärzotteln und Pfadtrampeln auf Entdeckungsreisen zu begeben. Warum das?, werden Sie fragen. Die Antwort ist leicht: Die Bratenteufel haben eine große Schwäche für Bauchschwabbel. Sie haben schon einige von ihnen entführt und diese dann in ihrem Heiligtum, dem Kabinettgrusel, als Nacktsplitter ausgestellt.

Am dritten Tag führt uns die Reise über den Sternsee zur Bucht der Zangenbeiß. Hier sind die berühmten Höhlen des Königsfrosches, an deren Eingang man jede Menge Hamstergold finden kann. Sollten einige von Ihnen unter Halsgeiz oder Klappenscheu leiden, empfiehlt es sich, an Bord zu bleiben. Als kleinen Trost servieren wir Saugerblut und Entenwild.

Am vierten Tag umschiffen wir das Kap der Hasenangst und

Vier Vierzeiler oder Alles für die Katz!

Eins für das Pinke-Pinke,
zwei für das Winke-Winke,
drei für den Silberknauf –
lauf, Mieze, lauf!

Eins für den Wackeldackel,
zwei für den Schabernackel,
drei für den goldnen Ring –
spring, Kater, spring!

peilen die Insel der Elendshunde an. Laut Programm stechen
wir am fünften Tag wieder in See und hoffen, innerhalb von
48 Stunden die Küste der Tatzenbären zu erreichen. Hier bleiben wir eine Woche, um Ihnen genügend Zeit zur Erholung
in Mattenhängen und zum Baumelseelen zu geben. Da um
diese Jahreszeit manchmal Stichbienen ein-
fallen, wäre es ratsam, sich mit Gruppenblut
oder Schlachtschlamm einzureiben.
Auf der Rückreise gelangen wir über die
Feuerfege in den Stromgolf. Sollten noch nicht
alle Passagiere gegen Vogelpech, Binkelzorn und
Hammelneid geimpft sein, kann dies in der nächsten halben Stunde nachgeholt werden. Herr Dr.
Rosswal und Frau Dr. Rochenzitter stehen Ihnen
bis in den frühen Stundenabend zur Verfügung.
Für unsere jüngsten Gäste haben wir einen Gans-
schnatter an Bord, der mit ihnen Kuhblinde und Ballhand
spielen wird und ihnen – bei Bedarf – vor dem Gehenschlafen
von Wittchenschnee und Röschendorn erzählen wird.
Zum Schlussab möchte ich Sie noch alle zu Speisemehl und
einem Trunkschlummer einladen und Ihnen einen guten
Reisetraum wünschen.

Eins für den Donauwalzer,
zwei für den Zungenschnalzer,
drei für den schönen Franz –
tanz, Katze, tanz!

Eins für den Apfelschimmel,
zwei für den Rosenhimmel,
drei für das Wolkenschaf –
schlaf, Kätzchen, schlaf!

Völlg rihctig

Gmeäss eienr Stduie eienr enlgishcen Unviertsität mahct es nihcts, in weclher Rehienfogle die Buhcsatben in eniem Wrot angerodnet snid, enizig wihctig ist, dsas der estre und lzete Bchusatbe am rchitigen Paltz snid.

Bergnüdnug: Wir lseen nchit jeedn Bchutsaben einznlen snorden das gnaze Wrot.

Verwandle
die Nase in einen Kuss

N A S E
N A S .
N . S S
K U S S

Wo er und sie versteckt sind

er: im Meer, im Verrat, im Kater, im Speer, in Vera und im Vater
sie: im Siegel, in der Sieben, in der Poesie, im Sieg, im Sieb und in der Fantasie
Und wo sind **wir** versteckt?
Im Wirtshaus, im Wirrsal und in den Wirbeln, im „Wird's bald?!", im Wirrkopf und im Zwirbeln.

108

Variantenreich

In Deutschland **(D)**, in der Schweiz **(CH)** und in Österreich **(A)** werden oft für einen Begriff verschiedene Ausdrücke verwendet.

- **Schluckauf**
D Hickser, Gluckser
CH Hitzgi
A Schnackerl
- **(strafender) Begleiter vom Hl. Nikolaus**
D Knecht Ruprecht
CH Schmutzli
A Krampus
- **eine Person, die übertrieben genau ist, ein Pedant**
D Korinthenkacker
CH Tüpflischeisser
A I-Tüpferl-Reiter
- **Zwischenmahlzeit am Vormittag**
D zweites Frühstück, Brotzeit
CH Znünipause
A Jause, Gabelfrühstück
- **Tischfußball**
D Kicker
CH Töggeli(kasten)
A Wuzler, Wuzeltisch
- **Daran gibt es keinen Zweifel** *(Redewendung)*
D Da beißt die Maus keinen Faden ab.
CH Das schleckt keine Geiß weg.
A Da kannst du Gift drauf nehmen.

Weißt du,
wie die Sprichwörter weitergehen?

Was ich nicht weiß, . . .
- . . . , leg ich auf Eis.
- . . . , macht mich nicht heiß.
- . . . , koch ich mit Reis.

. . . , macht mich nicht heiß.

Wo ein Wille, . . .
- . . . , da nichts wie weg.
- . . . , da ist der Weg mit guten Vorsätzen gepflastert.
- . . . , da ein Weg.

. . . , da ein Weg.

Wer A sagt, . . .
- . . . , muss auch wehklagen.
- . . . , muss auch B sagen.
- . . . , muss auch's Reh fragen.

. . . , muss auch B sagen.

Verkehrte Welt

Der Tag, an dem ein Meister vom Himmel fiel,
war der Tag,
an dem die Sonne Eiskristalle spuckte
und die Katzen bellten,
an dem der Birnbaum Kirschen trug
und der Bach bergauf floss,
an dem Fische über die Häuser flogen
und der Apfel weit vom Stamm fiel,
an dem die sieben Schneewittchen einen Zwerg
als Hausmann einstellten
und die Froschkönigin beim Prinzen schlafen wollte,
an dem eine Schwalbe einen Sommer machte
und es die Kirchenmäuse zu Ruhm und Reichtum
brachten,
an dem der Mond am Morgen aufging
und die Leute so liebevoll und herzlich
miteinander umgingen, dass wir
erstaunt über Wolken stolperten ...

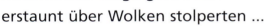

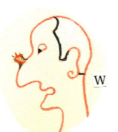
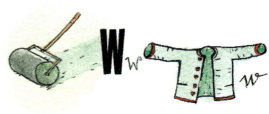

Wienerisch für Zugereiste. *Ein Quiz*

Was ist ein Windelmercedes?
- ein Mercedes, der täglich mit weichen Lappen aufpoliert wird
- ein Fahrzeug, das nach dem großen Erfinder DDDr. Alfons Windel benannt ist
- ein Kinderwagen

ein Kinderwagen

Was ist ein Holzpyjama?
- ein Pyjama, der aus rein biologischen Holzfasern (Marke kuschelweich) hergestellt wurde
- ein Sarg
- eine Holzverkleidung, die junge Bäume in den Nächten vor Wildbiss schützen soll

ein Sarg

Was ist eine Beamtenforelle?
- eine Forelle, die im Büro von Beamten als Maskottchen gehalten wird
- eine Forelle, die als Geheimagent in ausländischen Gewässern ausgesetzt wird
- eine Knackwurst

eine Knackwurst

Was ist ein Backhendlfriedhof?
- letzte Ruhestätte für Hühner, die sich zu lange im Backofen aufgehalten haben
- Abstellraum für nicht abgeholte (panierte, in Öl herausgebackene) Hühner
- der dicke Bauch eines Wieners

der dicke Bauch eines Wieners

Wochenplan

Montag
Mondsüchtigen Märchenprinz malen

Dienstag
drahtige Dobermänner dressieren

Mittwoch
mit munteren Musketieren musizieren

Donnerstag
dralle Dackeldamen duschen

Freitag
faule Frechdachse füttern

Samstag
süße Sommersprossen suchen

Sonntag
auf seidenen Sofakissen sitzen

Zugegeben, **X**aver hatte X-Beine und trug Kleidergröße XXL. Zugegeben, er nahm jede x-beliebige Gelegenheit wahr, um sich in den Vordergrund zu spielen. Dabei hatte der Dirigent Xiang-Xiang meinem Freund Xaver mit seinem Saxophon extra in der letzten Reihe einen Platz zugewiesen.

Aber nix da! Xaver hielt es nie lange auf seinem Platz aus. Schon nach den ersten Takten kämpfte er sich zwischen den Kollegen hindurch, als wäre das Orchester ein vielfach besetzter Boxring.

Nein, es war nicht leicht mit Xaver.

Zugegeben, seine Frau war die Miniaturausgabe einer Xantippe, aber das war noch lange kein Grund, dass er sich zum x-ten Mal mit der Harfinistin und dem Xylophonspieler anlegte.

Ansonsten war er xund und liebte Xelchtes und Xottenes.

Als Xaver Vater wurde, noch dazu Vater von Zwillingen, wurde er ganz handzahm. Er verschickte die Frohbotschaft seiner Vaterschaft per Fax an alle Freunde und Verwandten im Inland. Die Erbtante in Texas verständigte er telefonisch.

Die Taufe der Zwillingssöhne, für die er die Namen Xandi und Max gewählt hatte, sollte auf dem Gipfel der Rax stattfinden. Ein kleiner Racheakt an seiner Frau, die unter Höhenangst litt und daher nicht an der Zeremonie teilnehmen konnte.

Das Orchester rückte vollständig an, um Max und Xandi die Ohren voll zu dröhnen. Taufpate war Xiang-Xiang, der zur Feier des Tages einen eigenen Maxandi-Rap komponiert hatte und jedem der Winzlinge ein winziges Xylophon aus Mexiko schenkte. Im Text seiner Rede betonte er immer wieder, dass die musikalische Früherziehung für Xavers Söhne auch eine gute Investition für die Zukunft seines Orchesters sein würde.

X-beliebige Fragen.

Ein Auszug aus dem Lexikon

Ist das Kind von einem Süßholzraspler und einer Krampfhenne eine Süßholzhenne oder ein Krampfraspler?

Ist das Kind von einem Landei und einer Speckschwarte eine Landschwarte oder ein Speckei?

Ist das Kind von einem Muskelprotz und einer Intelligenzbestie eine Muskelbestie oder ein Intelligenzprotz?

Ist das Kind von einem Geizkragen und einer Kirchenmaus eine Geizmaus oder ein Kirchenkragen?

Ist das Kind von einem Spatzenhirn und einer Schreckschraube eine Spatzenschraube oder ein Schreckhirn?

Ist das Kind von einem Sumpfhuhn und einer Schießbudenfigur eine Sumpffigur oder ein Schießbudenhuhn?

Was ist **Y**oga?
- ein römischer Umhang
- eine Entspannungstechnik
- Abkürzung für »Yvonne ordnet Gartenzwerg-Archive«

Englisch für
kurz Angebundene

YOU and me
a cup of tea
a cake for two
me and YOU

Yolanda
Yolanda, das Zitronenschwein,
ist sehr erfreut, ein Schwein zu sein,
denn selbst die größten Schweinerei'n
verzeiht man dem Zitronenschwein.

Was ist ein **Y**uan?
- chinesische Währung
- Zwillingsbruder von Don Juan
- Abkürzung für die Anrede »You Underdogs and Nobodies«

Zungenbrecher

Der Papst hat's B'steck z'spät b'stellt.

Zwanz'g z'quetschte Zwetschken und
zwanz'g z'quetschte Zwetschken
sind vierz'g z'quetschte Zwetschken.

Griesbrei bleibt Griesbrei
und Kriegsbeil bleibt Kriegsbeil.

Zwanzig Zwerge zeigen Handstand –
zehn im Wandschrank, zehn am Sandstrand.

Schnecken erschrecken,
wenn Schnecken an Schnecken schlecken,
weil zum Schrecken vieler Schnecken
Schnecken nicht schmecken.

Schnellsprechsprüche spreche ich schwer schnell.

Esel essen Nesseln nicht. Nesseln essen Esel nicht.

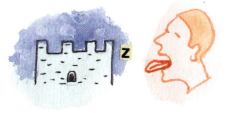
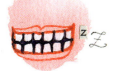

Zirkus-ABC

Der **A**krobat übt den Spagat.
Den **B**all stupst der Seehund ins All.
Der **C**lown gefällt Kindern und Frau'n.
Der **D**irektor heißt mit Vornamen Hektor.
Die **E**lefanten tragen im Ohr Diamanten.
Die **F**euerspucker sind arme Schlucker.
Das **G**ürteltier zählt bedächtig bis vier.
Das **H**ausschwein möchte ein Zirkuspferd sein.
Der **I**nder beschwört Schlangen, nicht Rinder.
Dem **J**ongleur ist nichts zu schwör.
Die **K**assa betreut ein Tausendsassa.
Der **L**öwenbändiger ist ein Kerl, ein unbändiger.
Die **M**usikkapelle ist immer zur Stelle.
Das **N**ummerngirl ist die Frau eines Earl.
Die **O**beraufsicht ist ein Fliegengewicht.
Das **P**ublikum sitzt nie verkehrt herum.
Die **Q**uotenqueen ist 'ne Pudelin.
Die **R**eklame malt eine dicke Dame.
Die **S**eiltänzerin kommt aus Berlin.
Das **T**rapez fragt nie: „Wie geht's?"
Die **U**nterhaltung braucht Zeit zur Entfaltung.
Der **V**ogelmann zeigt, was er kann.
Die **W**erbetrommel rührt eine Dommel.
Das **X**ylophon spielt Saxophon.
Die **Y**vonne tanzt auf der Tonne.
Im **Z**irkuszelt wohnt die Zauberwelt.

Zweisprachig

Ich und du

Ich sag: Hallo!, und du sagst: Hi!
Mein Schmetterling. My butterfly.
Ich hab dich lieb. I love you so.
Doch ich muss fort. I have to go.
Ich frag: Warum? Don't ask me why.
My little shark. Mein Babyhai.
I will return. Ich komm zurück.
Good luck, my love. Ich wünsch dir Glück.
Nur keine Tränen! Please, don't cry.
Ein Seufzer noch. Another sigh.
Ich sag: Leb wohl!, und du: Good bye.

Zahlen, bitte!

Das Sommernachtsfest war bereits in vollem Gang, als plötzlich **eins** das andere gab. **Zwei** Männer, von denen bisher jeder geglaubt hatte, sie könnten nicht bis **drei** zählen, sprangen auf und brachten die **Vier**linge des **Fünf**hauser Blutwurst-Fabrikanten in ihre Gewalt. Die Männer flüchteten mit ihren Geiseln aus der **Sechs**zimmerwohnung und verlangten später telefonisch **sieben** Millionen Euro Lösegeld, das mit dem ausdrücklichen Vermerk „Zahlen, bitte!" am Fuß der **Acht**erbahn hinterlegt werden sollte. Die **neun**malklugen Kinder dachten sich: Ruhig Blut!, und überredeten die Entführer, mit ihnen Achterbahn zu fahren. Nach **zehn** Minuten war den Geiselnehmern bereits so speiübel, dass sie sich willenlos von der mittlerweile angerückten Polizei festnehmen ließen, als ihr Wagen in die Zielgerade einrollte. Zu diesem Zeitpunkt war es genau **elf** vor **zwölf**.

A Aufwachen ... **10** • Abracadabra | Arbeitstiere | AEIOU-Sätze ... **12** • Angeln Elche im Ozean Unterseeboote? ... **14** • Alphabet für ein Cello und drei Violinen ... **16**

B bringen. Fragebogen ... **18** • Brief | Welche Bisse sind gefährlich? ... **19** • Bauernregeln ... **20** • ABC-Blues ... **21** • Bibernhardiner ... **22**

C Chinesisch für Anfänger | Cash auf die Kralle ... **24** • Countdown ... **25**

D Druckfehlerteufel | Durch dick und dünn ... **26** • Dackelwellness | Dringend!... **27** • Denkspiele ... **28**

E Es war einmal eine Katz' ... **30** • Erlebte Szenen | Erkenntnis ... **31** • Erfindungen von A - Z ... **32** • Elfchen | Ei ei! ... **34** • Eigenschafts-wörter gesucht | Emil? ... **35** • Kein Ei gleicht dem anderen ... **36**

F Der Froschkönig. Rückwärts erzählt ... **38** • Faul | Fax ... **39**

G Von Gnomen, Trollen und Wichten | Grabinschriften ... **40** • Häusliche Gewitterstimmung ... **41** • Gebrauchsanweisung für unsere Wohnung ... **42**

H Hase wird Fest | Hildegards geheimer Fragenkatalog | Hickhack ... **45**

I Irren ist kätzisch ... **46** • Inserate (Tiermarkt) ... **47**

J Jakob und Yasmin. Sketch ... **48** • Jahresbericht ... **50**

K Kennst du den Anfang der Sprichwörter? ... **52** • Känguru irrt durch Bayern | Knusper-Knabber-Knochenschmaus (Auszählreim) ... **53** • Katzebra ... **54** • Krallinski ... **56**

L Ich kenn einen Kater in Liezen ... **6** • Lautgedicht | Lockruf für eine Naschkatze ... **58** • Lebenslauf | Kennst du Lola? ... **59** • Limericks ... **60** • Lesezeichen ... **61**

M Miau-TV ... **63** • Meteorologisches | Merksatz ... **64** • Münchner Merkur ... **65** • Welche Miezen muss man siezen? ... **66**

120

Nacktflitzer | Na so was! ... 68 • Nie und (nimmer?) | Neu im Angebot: ...
69 • Neun nackte Nilpferddamen ... 70 • Noch mehr Spiele ... 72

N

Orte mit seltsamen Namen ... 74 • H.tel zur S.nne | Ob wir ... 76 •
Was »oder« alles verbindet | Orchesterprobe ... 77

O

Das andere Poesie-Album ... 78 • Palindrome ... 79 • Wie sich das
Mondkalb die Planeten merkt ... 80

P

Quiz ... 82 • Kennst du Queensland? ... 83

Q

Rap für Österreich-Fans ... 84 • Reimwörter gesucht! | Rätsel ... 85 •
Spiele für Reisen ... 86 • Alles ist relativ ... 88

R

Schnellsprechsätze ... 90 • Synonyme für »spinnen« ... 91 • Suchspiel ... 92
• Als das »Sch« streikte ... 93 • Vollmundiges Schimpfwörter-ABC ... 94 •
Schimpanseepferdchen ... 96

S

Wo die Tiere versteckt sind? ... 98 • Am 4waldstättersee ... 99 • Welche
zwei Teile gehören zusammen? ... 100 • Das Tier in dir ... 101 •
träumen ... 102

T

Urlaubsbericht ... ... 103 • ... und am Sonntag ... 104

U

Reise durch die verdrehte Welt | Vier Vierzeiler ... 106 • Vöillg rihctig |
Verwandle die Nase in einen Kuss | Wo er und sie versteckt sind ... 108 •
Variantenreich ... 109

V

Weißt du, wie die Sprichwörter weitergehen? ... 110 •
Verkehrte Welt ... 111 • Wienerisch für Zugereiste ... 112 •
Wochenplan ... 113

W

Xaver ... 114 • X-beliebige Fragen ... 115

X

Was ist Yoga? | You and me | Yolanda | Was ist ein Yuan? ... 116

Y

Zungenbrecher ... 117 • Zirkus-ABC ... 118 •
Zweisprachig | Zahlen, bitte! ... 119

Z

Renate Habinger

Wenn sie nicht gerade Japan oder Hawaii bereist, um Papierkünstlern über die Schulter zu schauen,
wenn sie nicht gerade ihre Illustrationen und Papierobjekte im In- und Ausland ausstellt,
wenn sie nicht gerade ihre Gäste zuhause mit Gaumenfreuden verwöhnt und
wenn sie nicht gerade ihren Enten zum hundertsten Mal klarmacht, dass sie nichts bei den Himbeeren und Salatköpfen zu suchen haben,
dann sitzt sie in ihrem Schneiderhäusl in Oberndorf an der Melk und holt die Sterne vom Himmel, die sich dann neben Nilpferddamen, Erdbeerranken und geflügelten Häusern in ihren Bildern wiederfinden – allerdings nur solange, wie es ihrem Mitbewohner gefällt. Wenn nämlich der Halbstarke mit den schwarzen Locken raus will, dann sieht man die viel Beschäftigte fluchtartig das Haus verlassen und mit Schnuffel, dem Hund, über Stock und Stein laufen oder am Flussufer stehen, weil der Hund sich friedlich ins Wasser gelegt hat und nicht im Traum daran denkt, in den nächsten Stunden wieder an Land zu gehen.

Bücher von Gerda Anger-Schmidt und Renate Habinger im Residenz Verlag:

Springt ein Schwein vom Trampolin...
100 Bauernregeln

ISBN 3853262546

Es gibt allerlei Anlässe im Leben, die nicht alle Tage passieren. Und da braucht man dann einen guten Spruch, nicht wahr?
Oder wissen Sie, was es bedeutet, wenn »das Schaf im Wäscheschrank schläft«?

Gerda Anger-Schmidt

• • • • •

Wenn sie nicht gerade zu Lesungen oder Schreib-
werkstätten unterwegs ist,
wenn sie nicht gerade den Vorsitz im Verein zur
Vermehrung der Lachfalten übernimmt,
wenn sie nicht gerade auf der Suche nach Vogel-
federn und Steinen herumstreunt und
wenn sie nicht gerade zum hundertsten Mal ihren
Gästen klarmacht, dass sie doch – bitte! – nicht immer
den ganzen Kühlschrank leer fressen mögen,
dann sitzt sie in ihrem öffentlichen Büro in Wien und
schreibt, zwischen Tassengeklapper und Gemurmel
von rundherum. Hier holt sie die Sterne vom Himmel
– und hat auch nichts dagegen, wenn ab und zu ein
kleiner Komet dabei ist –
allerdings nur so lange, bis der Kellner mit den Bern-
steinaugen im Dreivierteltakt daherkommt und fragt:
»Sie wünschen, bitte?«, dann bestellt sie, je nach
Jahreszeit, einmal Frühlingsschnuppern, nicht zu
knapp, oder eine große Portion Schwalbensehnsucht.

Unser König trug nie eine Krone
Liebe und andere Un-Gereimtheiten
ISBN 3853262961
Humorvoll und sprachverliebt findet man Gerda Anger-Schmidt auf der Höhe ihrer Dichtkunst. Renate Habinger hat dazu wieder einen ganzen Kosmos liebenswert verschrobener Figuren erzeichnet, die die Seiten dicht an dicht bevölkern und das Buch zu einem königlichen Schau-Erlebnis machen …

Neun nackte Nilpferddamen
Aller Unsinn macht Spaß
ISBN 3853262724
Lieferbar in der 5. Auflage
Nominiert zum deutschen Jugendliteraturpreis
„Ein handfestes, nilpferddickes, durchgehend farbiges Handbuch mit allem sinnlichen Unsinn für alle Lebenssituationen."
Bruno Blume, 1001 Buch

123

Bibliografische Information Der Deutschen Bibliothek
Die Deutsche Bibliothek verzeichnet diese Publikation in der
Deutschen Nationabibliografie; detaillierte bibliografische Daten
sind im Internet über http://dnb.ddb.de abrufbar.

2.Auflage 2007

© 2006 by Residenz Verlag
im Niederösterreichischen Pressehaus
Druck- und Verlagsgesellschaft mbH
St. Pölten – Salzburg

Illustrationen und grafische Gestaltung: Renate Habinger

Alle Rechte vorbehalten.
Gesetzt nach den Regeln der neuen Rechtschreibung.

Gesamtherstellung:
Niederösterreichisches Pressehaus
Druck- und Verlagsgesellschaft mbH
A-3100 St. Pölten, Gutenbergstraße 12

ISBN-10 3-7017-2009-6
ISBN-13 978-3-7017-2009-5